ビジネスは論理力

MBAでは
学べない
ロジカル・シンキング

経営・組織人事コンサルタント
北島雅之

アスペクト

ビジネスは論理力

MBAでは学べないロジカル・シンキング

［目次］contents

第2章 論理力がコミュニケーションの質を高める

第3章 「構造化」で思考を〝見える〟ようにする

第4章 「MECE」は思考スキルの基礎

第5章 演繹法と帰納法は結論を導く推論の基本

第6章 課題を具体化する「ロジックツリー」を使いこなす

第7章 「ピラミッド構造」で説得力を身につける

まえがき

「言葉力」が論理思考力のベース

コミュニケーションは、情報のやりとりで成り立っている。

普段、人と話をしていて「この人はデキルな」と思うのは、その人の話す内容や話し方からだ。言葉の選び方や話の運び方が上手だなと感じる時は、たいていその人は優秀である。

こうした人たちの言葉には気まぐれや不用心さは感じられない。大げさに言うことも矮小化することもなく、あることを等身大に表現し、語ることができる。

それができるのには、3つの理由がある。第1によくモノゴトを観察している。例えば「見る」ことから得ている情報が多いのだ。同じものを見ても得られる情報量は人によって違う。見たものが同じであってもそこから何を読み取るかはその人の能力次第である。

第2に、読み取ったことの意味を理解する力がある。入ってきた情報がどのような意味をもつのかは、脳の中のほかの情報とどう結びつけるかにかかってくる。

第3に、適切な言葉にする力がある。その状況を表すのにふさわしい言葉を選び出すことができるのだ。

少なくとも本書で扱う論理的思考に関しては、言葉が重要な役割を持つ。人間は言葉で考えるからである。

論理力はトレーニングで鍛えられる

ただ言葉に自信があったとしても、考えを入れたり運んだりするフレーム（枠組み）がないと話はなかなか通じない。

かつて私自身が普通の会社員であったころ、書類を提出する度に元コンサルタントだった上司から次のようなことを指摘された。

●これとこれとはどうつながるの？
●それで何が言いたいの？
●その根拠は何？

●そもそもこれをやる目的は？
●ここまで言えるの？　言えないでしょう
●それで、具体的にどうやるの？　それでできると思う？

細かく指摘されたことは枚挙にいとまがない。当時の私は自分が深く考えていないことや論理性のなさを痛感させられた。それを今でも思い出してしまう。

毎回少ない知恵を働かせ、上司に反撃しては返り討ちに会うということを繰り返していた。しかし結果的にそのおかげで、「論理的に考える」という「見えない枠組み」が見えてきた、つまり基礎ができたのだと思う。

私が曲がりなりにも論理的思考について語れるようになったのは、論理思考ができるようになったというよりも、論理思考のための原理原則や方法、ツールなどを身につけることができたということのほうが大きい。

論理的思考には何が必要で、どのようなものなのかの全体像が見えたことから、どんなことを学ぶべきか目標が定められたのだ。やるべきことが見えたと言ってもいいだろう。それによって論理思考を学ぶことが面倒でなくなった。

「論理思考が大事なことはわかるが、何をどういう順序でやっていけばいいのかわからない」

という人が多いのではないだろうか。本書がそんな人々の一助になればいいと考えている。

論理力というとはじめての人にはとっつきにくい言葉がたくさん出てきて、それだけでもう馴染めないという人もいるかもしれない。実は本書にも出さざるをえなかったのだが、できるだけわかりやすくしたつもりである。

また、さまざまな思考法やツールがどれだけあり、どのような関係かわかると、「これだけやればいいいんだ」という安堵感がわき、やる気にもなると思う。

本書のねらい

本書は、コミュニケーションという観点から論理力を身につけるということをねらいとしている。相手との言語的なコミュニケーションにおいて、せめて間違いのない意志や情報の交換ができるようにし、さらにはそれを〝洗練された〟レベルにまで進化させることが、〝社会人〟として何よりも求められることだからだ。

そしてコミュニケーションの観点から身につけた論理的思考は現実的、実戦的であり、日常で使える論理力である。論理的思考力が身につけば、「考える」ために頭を使うことが「たいへん」から「楽しい」に変わっていくことを確約する。

第1章

論理力はビジネスマンの必須スキル

1 「好き」に考えることと、「論理的」に考えること

①「北島君、来週の課の宴会をどこでやるか、考えておいて」
②「北島君、新製品の販売戦略の素案を考えてくれるか」
上司から右の2つの課題を与えられた場合、あなたはどちらに苦痛を感じるだろうか。もちろん②のはずだ。宴会場探しもそれなりに大変には違いないが、販売戦略を考えるのとは雲泥の差があるはずだ。

同じ「考える」ことなのに、この違いはどこからくるのだろうか。
①と②の違いは、①はある意味で「自由」に考えられるのに対して、②の場合は気まぐれで直感的な思いつきは通用しないことにある。「こうなって、ああなって、最後にはこうなる」というようにはじめから一貫している、あるいは一貫させる必要がある種類の「考え」である。つまり論理的な思考を働かせなくてはならない。
こうした種類の「考え」は、気合いを入れないとできない。また、たとえ何か考えても〝ど

うどう巡り″をして結論が出なかったり、ロクな考えしか浮かばずあきらめたりした経験が誰にでもあるはずだ。

たしかに「考える」ことがたいへんなことは事実だ、と私自身も感じる。勉強で考える、仕事で考えるというような時には、「タイヘン感」がある。なぜなら自由奔放に空想できる想像と違い、「考え」はある「枠」に収めていくことが必要だからだ。その作業に「タイヘン感」があり、それを行うには「論理性」が不可欠なのである。

そしてビジネス現場では、この論理性を元に考えること、いわゆる「論理的思考」が必要なコミュニケーションがほとんどと言ってよい。

2 ビジネスで求められる「論理性」とは

会議などで意見を求められる、またははじめての人たちに自己紹介やスピーチをする時がその典型だ。突然そんな状況になって、アタマが真っ白になり、パニクってしまった経験が誰にでもあるのではないだろうか。

司会者に指名されたりすると、突然目の前に巨大な黒い雲がたちこめて、何からはじめればいいのか、どっちへ行ったらいいのかアタマの中がモヤモヤしてさっぱりわからなくなる。話の糸口も道筋もちっとも浮かんでこない。

人前で話す、例えば講演やセミナー、プレゼンテーション、会議など、ビジネスの場面では実はほとんど論理性が暗黙のうちに問われている。

では、その求められている中身とは何か。まとめると、それは次のようなことだ。

①わかりやすく伝える
②誤解のないように伝える

③限られた時間内におさめる
④相手にとって納得性がある
⑤聞いている人が賛同できる

聴衆には「自分たちが言いたいことを代わりにうまく言ってもらいたい」という欲求がある。それがうまくいかないと、聴衆は自分が話した時以上に不満をもち、話し手の論理的思考力＝論理性に疑問を抱き、さらには「仕事ができない」という評価さえ下すようになるのだ。

3　日本の日常生活では培われない論理性

日本人には論理性がない？

私たちが普段から、つまり日常のコミュニケーションから意識して論理的に思考し、それを表現する訓練を受けていれば、さほどの困難を感じることはないだろう。しかし日本の日常生活では、一般的に私たちはお互いに論理性を厳しく求める習慣はない。論理性のいちばん単純な形態は、「原因」と「結果」、つまり結論に対する理由を明示することだ。「〜だから、こうなる」「〜なのは、〜だからだ」。英語的に表現すると必ず「Because〜」の文章がセットになる。

この関係があいまいな場合は、普通はそれを質すことになる。「なぜ？」「どうして？」と。ところが日本ではこの原因・結果へのこだわりが薄いので、あいまいな場合でも、それを相手に対して突っ込んで質問することを避けようとする傾向がある。

「後藤さんは、どうも乗り気じゃないみたいでした」
「あ、そうなんだ。どうしようかなあ」

というような会話は日常的なビジネスの現場でも繰り広げられていると思うが、こうした場面では、「なぜ?」「乗り気じゃないって、それはどういう意味?」と問うことがほとんどない。直感的に「これを聞いたら相手はたぶん答えられないんじゃないか」と推測して遠慮することもあるし、「なぜ?」と聞くことが追い打ちに近いニュアンスととられることもあって、つい聞きたいこと、聞かなくてはいけないことも聞かずにすましてしまっている。

相手の言うことをよく確認しないで、お互いにあいまいなまま会話をしていたり、物事を進めたりしているわけである。日常的なつき合い程度のことならそれでもいいかもしれないが、ビジネスの場面でそれは通用しない。それが重大なミスを引き起こす。

また日本では、「私はバナナが好きです。なぜかというと香りも好きだし、食べると元気になるし、体にもいいから」というように、「〜だ。というのは〜だから」とか、「〜だ。だから〜だ」という「主張→理由」をきちんと展開する日常会話の訓練をすることがあまりない。

日本には伝統的にはっきり言わない文化、「言わぬが花」の奥ゆかしさを尊ぶ文化や、「阿吽《あうん》の呼吸」で問題を処理し、人間関係を調整するという時代劇に出てくるような処世術があるからだ。

親からまたは学校などで「話し方」を学ぶ場合でも、「こういう順序でこういった話をするといい」といった話の展開の仕方を学ぶことはあまりない。それが「話し方」についての「お行儀」や「マナー」にすり替わってしまっている。

簡単に言うと、日本人には論理性の習慣がない。しかしそれは能力がないからではなく、単にトレーニングを受ける機会がないからだ。その方法を学んで練習すれば、論理的に考えてコミュニケートすることが必ずできる。

日本人も論理性を身につけなくてはならなくなった

日本にはこうした背景が二重にも三重にもあるから、「論理的思考」と言うと面倒くさそうだと身構えてしまいがちだ。つい「そんなもの身につけなくても……」とも思ってしまう。

確かに、日本の社会が伝統的な価値を基本にして生きていける共同体的な社会のままであれば、あえて言えば「論理性」は絶対不可欠なコミュニケーション手段ではないかもしれない。

ところが日本社会はすでに都市化と国際化という現代化の大波を被ってから1世紀近くがたとうとしている。毎日の生活の中で出会う人々が同じ環境や価値観で育ってきた人たちではなくなってきている。共通の文化的基盤が希薄になり、「阿吽の呼吸」では意思が通わなくなりつつあるのだ。

暗黙の共通基盤がない、あるいは希薄な場合、知らない者同士がコミュニケートするにはどうすればいいのだろうか。簡単に言うと、お互いに共通の土台を築いて共有していくしかない。お互いにどんな人間で、どんな状況にいて、何が問題で何をしようとしているのか……など、お互いに納得できる共通項を増やして、その土台の上で行動するしかない。共通基盤を築くということは、お互いにそれを納得できて、受け入れられるものでなければならない。この時に論理性が必要になるのだ。

考えてみると、ビジネスシーンはまさに「お互いに納得できる共通基盤」を築いていく過程そのものである。「はじめまして」の名刺交換からそのプロセスがはじまり、論理的なやりとりの積み重ねでお互いに「信頼」という土台を築き、その上でプロジェクトが始まる……。

国際的なビジネスとなると、論理の重要性はさらに増す。歴史も文化も風土も違う相手とのやりとりになるのだから、論理性以外に共通の基盤になるものはありえないだろう。

このように、日常生活やビジネスシーンにおいて、よりよいコミュニケーションを図るため、論理力は不可欠だ。現在のビジネスでは、必須のスキルである。言わば万人がもつべき能力、基盤のようなものと考えるべきだ。

4 論理性を邪魔する習慣的反応

日頃の行動に論理性に欠ける兆候はないか

日頃、私たちは１００％意識的に論理的な行動をしていないのだが、ただしビジネスの場で論理的に動いていないとしたら問題だ。

ひょっとして皆さんも次のようなことを無意識にやってはいないだろうか。とくに意識してではなく、なんとなく普通にしかたないことだと感じていたりしながら……。

①相手の話を聴かない

・ただ聞いているだけ、聞いているつもり

・意味不明でもそのままにする、相手の立場（ポジション）に立って見られない

②質問をしない

・行儀よく耳を傾けることが礼儀だと思っている

・質問することは失礼（挑戦、追求、いちゃもんをつける、文句、不躾、詮索）だと思っている

③話を聞く時に準備していない

・何が起きていて、問題意識が何で、原因はたぶん何で、どうするのか、などの展開を予測しない

④抽象的なことを具体的に説明しない

・具体的な個々の事例をまとめて言うとどういうことか（抽象化）、あるいは逆に抽象的なことから具体的なことを考えることが不得意。概念作業に慣れていない

・言葉の意味をきちんととらえていない

⑤モノゴトの整理がうまくない

・整理をする分類の仕方・方法の手もちがない

⑥結論を出す方法が気まぐれ

・方法がないか、あってもいつも同じ方法で、方法ということ自体を意識していない

⑦ピタリとはまる言葉を使えない……

・「アレですから」とアレをよく使い、適切な語彙が少ない

・言葉を吟味していない

・共感を求めて「ね、そうでしょう」などと感情語を使う

⑧説明がうまくできない

・抽象的なことを言葉にできない
・図式化できない
・順序立てられない

⑨説得できない

・相手のメリットを考えていない
・根拠が薄い
・つじつまが合わない

もしあなたが右にあげたことのいくつかを、何気なくビジネスの現場で行っているとしたら、論理性に欠けている兆候だと思うべきだ。結果として、その部署の仕事が、ミス・ムラ・ムダだらけでも不思議はない。

5 論理的思考の基本とは？

「前提→推論→結論」の流れが一貫していること

論理的であることは重要なことだが、だからと言ってくつろいでいる時や楽しんでいる時まで論理的である必要はない。では、どんな時に論理性が必要になるのだろうか。

誰しも何かが正しいかどうかを確認したい、またはどれが適切な選択肢か、などと考える時に論理的になろうとするはずだ。例えば、「(相手が) あやしい感じがする」と察知した時がそうだ。普段とどうも様子が違うという時、「いつもと何かが違う?」と感じたことを客観的に確認するために、論理的に状況を分析しようとするはずだ。

では、「論理的に状況を分析しよう」という場合の「論理的」とは、どういうことなのだろうか。簡単に言うと、「きちんと筋道が通っていること」である。論理的思考というのは、以下になる。

①直感やイメージに頼った推論ではないこと

②（分析する、統合する、比較する、関係づけるといった）概念的な作業によって結論を導き出すこと

①について考えてみよう。論理的に矛盾している場合はたいてい誰もが気づく。前に言ったことと、後に来る内容が食い違っていると「何か変だ」と誰でも感づく。すぐには具体的に説明できなくても「おかしい」ということは直感的にわかる。

これは哲学的に言うと、人間には「理性（ロゴス）」があって、合理的でないことに対して「おかしい」と感じる能力・資質をもっているということだ。先に論理的思考が世界的な共通語という言い方をしたが、それは人間が理性的存在であることを前提にしている。

しかし、ただ「おかしい」と気づいてそれを直感やイメージに頼って訴えても、問題は並行線をたどるだけだ。あなたに「説得力」がなければ、「そうかな、私はおかしいとは感じないけれど」と言われておしまいである。「何がおかしいのか」を、筋道を通して説明し納得してもらえなければ、話が通らないのが世の中なのだ。

そこで論理性の武器である前記の②が必要になるということだ。

「論理的」の原則は、伝えようとする内容（話や文章など）に、「前提（という仮定に）」→推論（を加えて）→結論（を導き出す）」という流れに一貫性があり、そこに矛盾がないということだ。

この「矛盾」という言葉そのものが、論理性を説明する格好のたとえ話である。

この言葉は、ご存知の通り、中国の武器商人が「どんな盾も貫く矛と、どんな矛も防ぐ盾だ」と言って盾と矛を売っていた。すると見物人の一人が「その盾と矛を打ち合わせたらどうなるんだ？」と聞いた。この一件から話のつじつまが合わない＝嘘であることが発覚した、という韓非子による故事成語だと言われている。

私たちが常に迷うのは、「回答をどのように説明すれば、相手を納得性させられるか」ということではないだろうか。

結論だけ言うのは簡単だ。しかし、

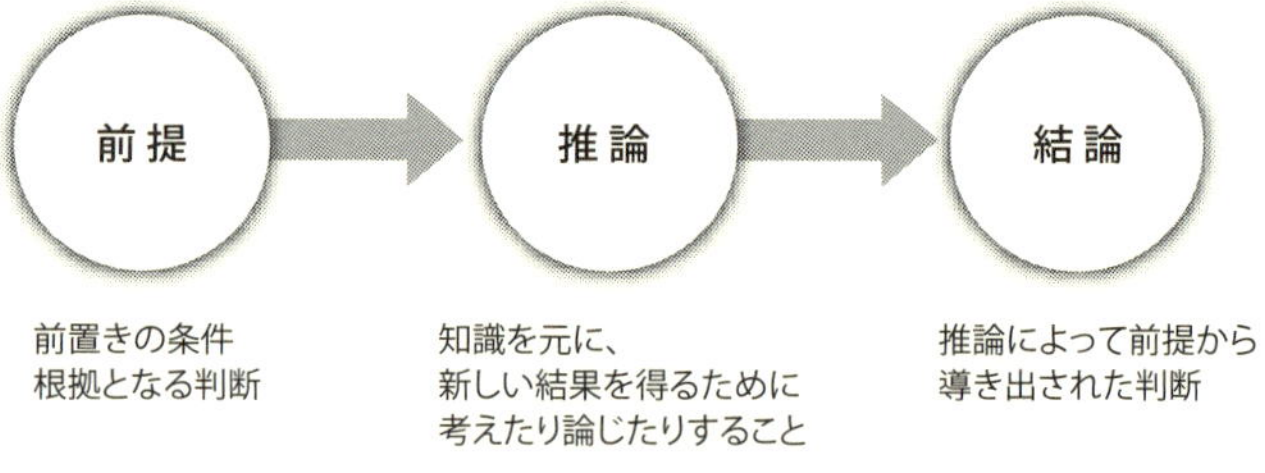

□ 前提から結論まで矛盾がないのが論理的

①どうやってその結論にたどり着いたのか
②どうしてそれがよい結論であると言えるのか
③以上をわかりやすく説明する

これらの３つをクリアしようとすると、「ちょっと待って、考えるから」となってしまう。

例えば、「３」という数字が結論だとすれば、「３」にするには次のような式が考えられる。

３＝１＋２
３＝４－１
３＝１×３
３＝３÷１

これ以外にも結論の「３」を導き出す方法は、実は無数にある。私たちが結論を言う際にも、論理的思考ができなければ無数の中から〝どれを選択し何をどんな順序で〟説明したらいいか、どこから手をつけていいか見当がつかず、途方に暮れてしまうはずだ。

起承転結と一貫性は意味が違う

前に論理的であることを「前提（という仮定に）↓推論（を加えて）↓結論（を導き出すこと）」と定義したが、もう少し具体的に考えてみよう。

【例題】論理的思考の必要性について考える

前提 ●人は誰でも論理的な思考が身につけられる

←

推論 ①知識というより訓練である
②考える習慣を身につけることだ
③論理思考を日常生活や仕事に役に立てている人がいる
④教えてもらいながら、自分で考えると上達が早い

←

結論●自分にもできそうだから論理的思考を学習しよう。

論理性では「一貫性」があるということが重要なポイントである。では、一貫性とは何のことだろう。

前記の例では、前提（仮定）として「誰でも論理的な思考が身につく」と言っている。そして推論と結論に至る話の展開は、前提にある「論理的な思考」と「身につけられる」ことに話が終始している。他の話題にそれたり、寄り道したりしていない。結論までの話の流れが、〝一貫〟しているのだ。

話の流れということで言うと、小学校の作文の時間に「起・承・転・結」で書きなさいとよく指導された。だが、この場合の「起・承・転・結」は論理性のことではなく、話の筋のことだ。はじめに物語の発端「起」があって、それが進み「承」、新しい要素が加わり「転」、すべての要素が集まって物語の結末「結」に至るというストーリー展開の手法だ。

こうした起承転結がある物語の論理性は何かと言えば、登場人物の行動や出来事の内容の進展に一貫性があり、矛盾がないことだろう。例えば登場人物がさっきまで東京にいたのに、つぎの瞬間にはシベリアにいるなんてことはおかしい。話を成立させようとするならば、登場人物には瞬間移動の超能力があるという設定にしなければ論理性は保てない。つまり、瞬間的に移動できたことの「根拠」がなければならないのだ。

論理的思考を大上段から構えると面倒くさく感じるが、具体的な例で考えるとわかりやすい。

【例題】ブランドの必要性を考える

前提　●ブランド品は多くの人々に愛される

根拠……ブランド品の売上総額は、○○○億円である

←

推論　●ブランドが多くの人に支持されるのは品質にある

●ブランドが多くの人々に支持されるのはデザインにある

●ブランドには神話がある

●ブランドになると、そうでない商材と比較して9倍の売上げになる

結論　●ブランドのメリットは報告書の通りで、当社もブランド化に取り組みたい　←

この例で考えると、

●前提は、結論に対する論理的な根拠
●推論とは、証明すること
●推論が正しければ、前提から結論に達するまでの筋道が正しいということ
●前提が正しく、推論も正しいのならば、結論も正しいこと

になる。したがって

●前提が正しく、前提から結論に達するまでの筋道が正しければ、行き着く先の結論も正しい

また、「当社もブランドに取り組みたい」という結論から逆もどりして、「ブランドは多くの人々に愛される」という前提に話が戻ってもあまり違和感はない。算数の検算のように正しいことを確認できる。

「論理的思考」をもう一度まとめると次のようになる。

●前提と結論をつなぐ道筋の正しさ

↓前提と結論との間の関係に矛盾がなく整合的であること

●推論が結論を支えるものになっている

論理性を確保するには、最終的に「だから〜、だから〜」でつながる道筋をつくっていくことが欠かせない。さまざまな可能性を探索し、それらの可能性を比較検討し、結論を支持する推論だけを残し、そうでない消去できるものは捨てる。そうしたプロセスが必要であり、それが「論理的思考」になる。

6 論理力の第一歩は、言葉を具体化すること

言葉による説明の基本は「5W1H」

モノゴトを説明する方法はいくつかある。現代は、企画のプレンゼンテーションなどでも、映像や図版などを使って視覚的に表現（ビジュアル化）する方法が主流になりつつあるが、それでもコミュニケーションの基本が言葉による説明であることは変わらないだろう。

モノゴトを言葉で説明する場合の一番基礎になるのは「5W1H」である。「When～?」「Who～?」「Where～?」「Why～?」「What～?」「How～?」のいわゆる「WHクエスチョンズ」は、英語を習ってはじめて知ることだったが、「いつ」「誰が」「どこで」「なぜ」「何を」「どうやって」を言葉で明確にすることが、論理的思考のベースになる。

普段観察していると、話の内容がわかりやすい人は必ず「5W1H」を示す言葉を話に入れていることがわかる。ニュースがいい例だ。逆に、誰かと話していて、質問をいくつもしなければよく話の内容が飲み込めない場合は「5W1H」が欠けているか、不明瞭と思って間違い

ない。

できるだけ具体的な言葉に置き換える

いまでも抽象的な言葉や専門用語をたくさん使って相手を煙に巻いて、説明したつもりになっている人がいる。最近では「なにを言っているのかわからない」「もっとわかるように言ってくれ」と言える人も増えてきているので、そういう人は減ってきたとはいえ、それでもまだ会議や会合などでスローガン的な言葉を言い放っている人も少なくない。こういう人の話には、ほとんど具体的な例が出てこない。それは、伝えたい内容を具体的に「考えていない」からだ。要するに、本気になって問題解決することを考えていないから、内容を具体化できないのだ。

例えば、「高齢者にやさしい社会」という表現がよく用いられるが、どういう社会を指しているのだろう。「高齢者が生活するために親切な配慮がされている社会」といった意味だろうが、「親切な配慮＝やさしい」の具体的な中身はソフトウェアのことなのか、ハードウェアなのかはわからない。

このように曖昧な言葉を使うと、いざ実行に移そうという時になると、実行する当事者がはじめてその中身を具体的に考えなければならない、ということが起きる。
それは「やさしい」をかみ砕いて、その言葉の中に何が入っているかを把握しないまま使っているからだ。

こうしたことはビジネス社会の至るところで起きているはずだ。
「目標管理」における「目標設定」などいい例だ。リーダーが「売上を20%上げる」と言うのはいいのだが、それをどうやって上げるのか、具体的にどんな行動をとればいいのかまで示さなければ、部下は動けない。

論理的思考やクリティカルシンキング（Critical Thinking　モノゴトを鵜呑みにしない批評的思考）と呼ばれている思考法には、「チャンクダウン」と言う大切なスキルがある。チャンク（Chunk）とは「かたまり」のことで、それを砕いて小さくすることが「チャンクダウン」だ。

前記の例のような場合、抽象的な言葉はその定義をきちんと理解して使わないと、意味していること＝概念が大きいだけに、わかったようなつもりになってしまう。大きな概念の言葉はできるだけ噛み砕いて、具体的な言葉に置き換えなければ、的確なコミュニケーションはできない。コミュニケーションで論理的な思考を働かせると、結果として相手にわかりやすい言葉で簡潔にメッセージを伝えられることになる。

第2章

論理力がコミュニケーションの質を高める

最近、周囲の話題や状況からズレて交流できない人に対して、「KY」という略語がよく使われる。「(場の)空気が読めない人」ということだ。もう少し丁寧に言うと「コミュニケーション力がない人」のことだ。

では「コミュニケーション力」とは何だろう。

私は、「関係性のマネジメント力」であると考えている。ここで言う「関係性」とは、自分と自分以外のものすべてのことを意味し、自分を取り巻く周囲の人々やモノとうまく交流(マネジメント)できることが、「コミュニケーション能力が高い」と言えるのだと思う。

コミュニケーションには、「情緒的」と「論理的」という2つの面があるが、本書がテーマとするのは後者だ。なぜかと言うと前に述べたように日本では学校教育を含めて「論理性」を学び、培う機会がきわめて少なく、社会人になって研修などではじめて学習するという人が多いからだ。

そして、そもそもビジネスの現場でのコミュニケーションでは、まず問題や課題を解決する論理的な能力が求められているし、必要でもあるからだ。

そこで、まずコミュニケーションのメカニズムを把握しておこう。

1　コミュニケーションのメカニズム

脳の入力・処理・出力

私たちが周囲の対象と関係を結ぶ場合、まず対象の情報を受け取る。通常は五感（見る・聞く・触る・匂う・味わう）が情報の入り口になる。それぞれの入り口から入ってきた（INPUT）情報は、脳で処理（PROCESS）されて、筋肉を使って言葉や表情・動作などの情報として出力（OUTPUT）される。

単純化すれば、「①受け取って→②考えて→③出す」という過程がコミュニケーションのメカニズムだ。この①・②・③のすべての過程が論理的であることが望ましいが、とくに②の「脳で処理」＝「考える過程」が論理的でないと、前後の入力や出力も論理的ではなくなってしまう。

私たちが一般的に行っている、話したり聞いたりというコミュニケーションを単純に図式化すると、次のようなものになる。

相手からのメッセージ（情報）を話し言葉や文字・映像情報など、五感で受け取る。その情報は脳で意味を理解し、再構成する。それを言葉や動作として表す。という下図のようになる。

つまりコミュニケーション能力を高めるためには、五感からの入力、脳での情報処理、そして五感での出力という、3つのプロセスの品質を向上することが求められる。

考え上手は聴き上手

このプロセスから考えると、コミュニケーションで大事なのはまず情報を的確に取り入れることだ。

相手の言っていることが理解できなければ、言葉を返せない。あるいはおぼろげながらしか

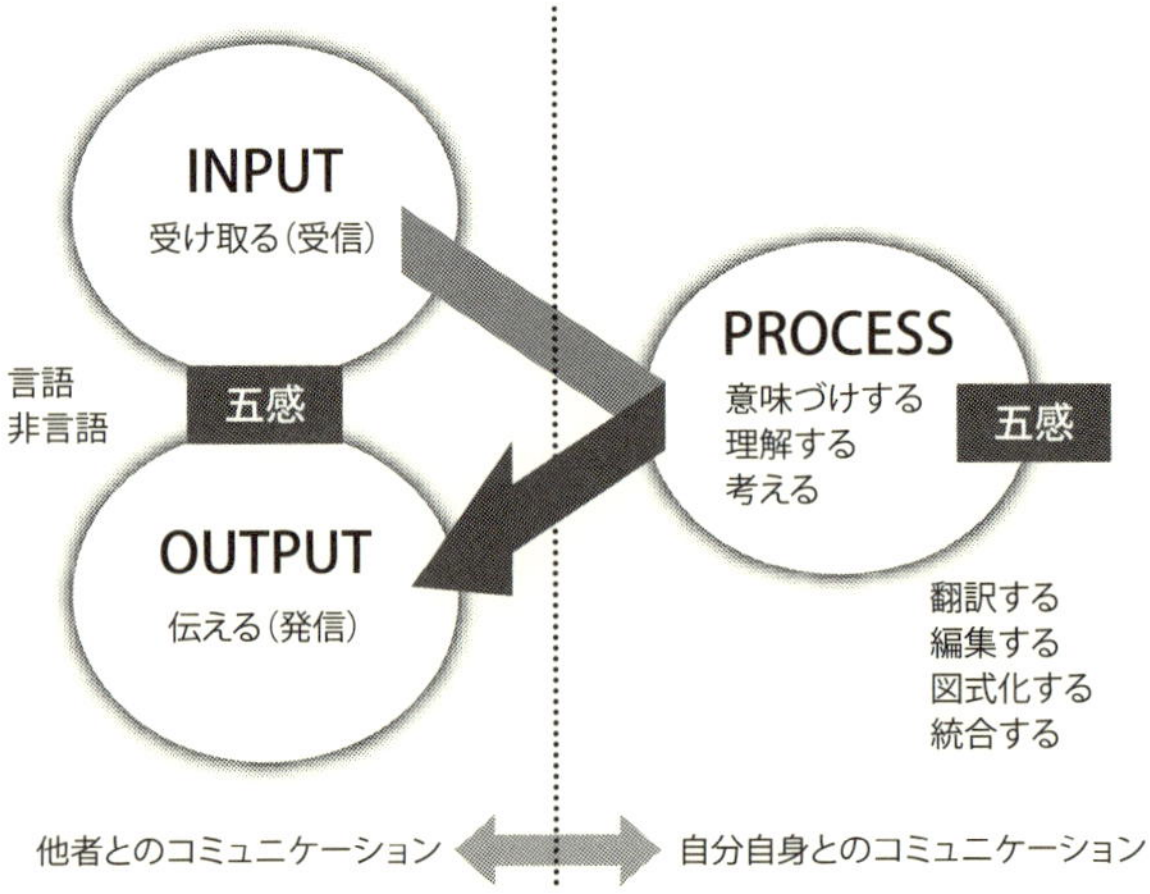

□ コミュニケーションの仕組み

理解していないと焦点がボケた返事になり、相手との会話（交流）は短時間で終わってしまう。当然ながらビジネスの進展は望むべくもないだろう。

情報の入力段階をよくすることはとても大事なのだが、いくら一生懸命になって相手の話を何から何まで聞こうとしても疲れるだけだ。

人間が五感で情報を取り入れているということは、五感をふさがない限り、目や耳などを通して情報は勝手に信号としてどんどん脳に入ってきている。ところが実際は意識して取り入れている情報はごくわずかであり、選択した情報だけを意識上に載せている。その時点で気になっている情報だけが意識されているということだ。

問題は情報の入れ方にある。その時に必要な情報を「的確に選択して」取り入れる方法を身につけることだ。

入力の段階で選択していることは、数人で同じ話を聞いても人によって記憶に残っていること、あるいは受けとめ方が違うことでわかる。会議などで全員に議事録を書いてもらえばよくわかる。

よい議事録は、その会議のテーマや目的に沿って出された意見が要領よく記録されている。

何を聞けばいいのか、記録者がそのポイントをわかっているのだ。

それは、最初から相手の言うことがわかっているということではない。相手の話がどのような展開をするのかを追いかけることと、話の中でどんなところをポイントとしてきちんと聞いておけばいいのかがわかっているということである。

情報を取り入れる（選択する）際、しっかりした基準をもつことが大事だ。その第一は、まずコミュニケーションの目的（会議の場合は議題やテーマ）を把握することである。何のためにその会話をするのかをいつも頭に置いておくと、聞くことも話すこともブレない。その目的に照らして、話の展開やポイントに注意するようになるはずだ。

①コミュニケーションの目的を明確にする
②話の筋、展開を追いかける
③何がポイントなのかに注意する
④事実と意見とを分ける

これだけのことを意識するだけで、情報の入力段階は飛躍的によくなっていく。的確に、そして効率的になるはずである。

2 アタマの中で絵や図を描く

こうして入力情報が的確に絞れるようになったら、コミュニケーションの2段階目となる情報を処理するためのスキルが必要となる。その第一歩は、入ってきた情報を頭の中でどのように配置するかである。

人の話を聞く時に目をつぶって聞く人がいる。

実は私もそれをやっている。複雑な話を聞く時は紙にチャートや図式を描きながら聞いたりするが、それができない時は「ちょっと待ってください」と言って、目をつぶって頭の中にチャートを描く。相手の言うことを頭の中の紙に配置しながら聞いているわけだ。

すべての人がすぐにうまくいくわけではないが、取り入れた情報を視覚的に位置づけるよう工夫するといい。特に抽象的な内容は、具体的に話の内容がイメージできるわけではないので一枚の絵やチャートにして、形や位置関係でわかるようにすると整理がしやすい。

絵や図にするということは、主張することのエッセンスだけ抜き出して、それがどのような順序なのか、それぞれの関係はどうなのかを配置して明らかにすることである。つまり抽象的な概念を、順番やつながりなどに変換して理解しやすいようにするのだ。こうしたやり方を、専門的には「構造化」すると言い、論理力の基礎になるスキルとなる。

この相手の話の内容を頭の中で絵や図にして理解する方法＝「構造化」は、相手への返信（OUTPUT）の際でも有効な方法だ。「報・連・相（ほうれんそう）＋プレゼン」、つまり「報告・連絡・相談・プレゼンテーション」は仕事の基本中の基本だ。このOUTPUTでこそ、論理的な構造力が問われる。

ここでのコツは、自分が主張することをまず頭の中で構造化（図・絵・チャートなど）すること。最終的にこの構造を相手の頭の中にそっくり移しかえるようにイメージするといいだろう。あるいは自分の中でできあがっているジグソーパズル（構造化された主張）のピースを、相手の頭の中に1つずつはめていくようなものと考えてもいい。

その場合に重要なことは、構造化していく手順、つまり図や絵を描いていく順番やはめていくピースの組み合せを変えることで、相手の受け取り方、理解のスピードや深さも変わるということだ。論理的思考におけるこの具体的な方法＝構造化については、第3章で詳しく紹介しよう。

3　目的を明確にするだけで、結果は大きく違ってくる

ビジネス現場で求められる能力

本書で問題にするのは「ビジネスでのコミュニケーションに必要な論理力」である。そこで具体的な論理的思考力を向上するためのスキルの習得に入る前に、ビジネス現場でのコミュニケーションでは何が求められるかを把握しておこう。

ビジネスとは簡単に定義すると、「生活に関係する物品や情報、サービスを提供して利益をあげる活動」だ。その活動には生産や販売、あるいはサービス提供などの場面があるが、こうしたビジネス現場で求められるのは、目標達成のために提起されている課題や問題を解決することなのだ。

「納期が間に合わない」
「売上が減少している」

「クレームが増えている」

「時間」や「量」や「質」に関する問題がビジネス現場では毎日のように出現してくる。問題とは、本来こうあってほしいという形や理想的な姿と現実とのズレやギャップと言える。問題解決とは、このギャップを「あるべき姿」に近づけることだ。

この時に大事なのは、目先の問題にだけこだわって、問題が発しているメッセージをつかみ損ねることだ。なんとかつじつまを合わせたりすると、問題が出現してきた背景を無視してしまうことになる。

問題解決とは、本来は問題が現れた背景を元の〝健全〟な状態に戻すことである。そうでなければ同じ背景をもつ問題はまた出てくるに決まっている。クレームに対しても、その時のリスク管理は必要だが、クレームの原因そのものを特定しなければ意味がない。燃え上がった鍋の火を消しても、火元のガスを止めなければ、再び鍋から火が上がることは、それこそ火を見るより明らかだ。

目先ではなく原因である大本を見つけるために必要なのは、すぐに何かを「やること」ではなく、何のためにやるのか、言い換えると、そもそもの理想が目指していた「目的」を把握することだ。これを「具体的なことを抽象化する」、あるいは「上位概念化」と呼ぶ。

「上位概念」は重要なキーワードなので説明しておこう。前に「チャンクダウン」という用語を説明したが、「上位概念」はその逆の方法である。つまり「チャンクアップ」だ。

「最近クレームが頻繁に起きている」

「具体的にどんなクレームなんですか？」

と尋ねることは「チャンクダウン」だ。

要するに具体的な事例に細かく砕いていくことを指す。

反対に、

「これらのクレームには共通点がありますね」

「そうですね。皆さん、窓口対応の悪さを指摘していると言えます」

というように、いくつかの具体的な事実などの共通項をまとめて、〝ワンランク上のカテゴ

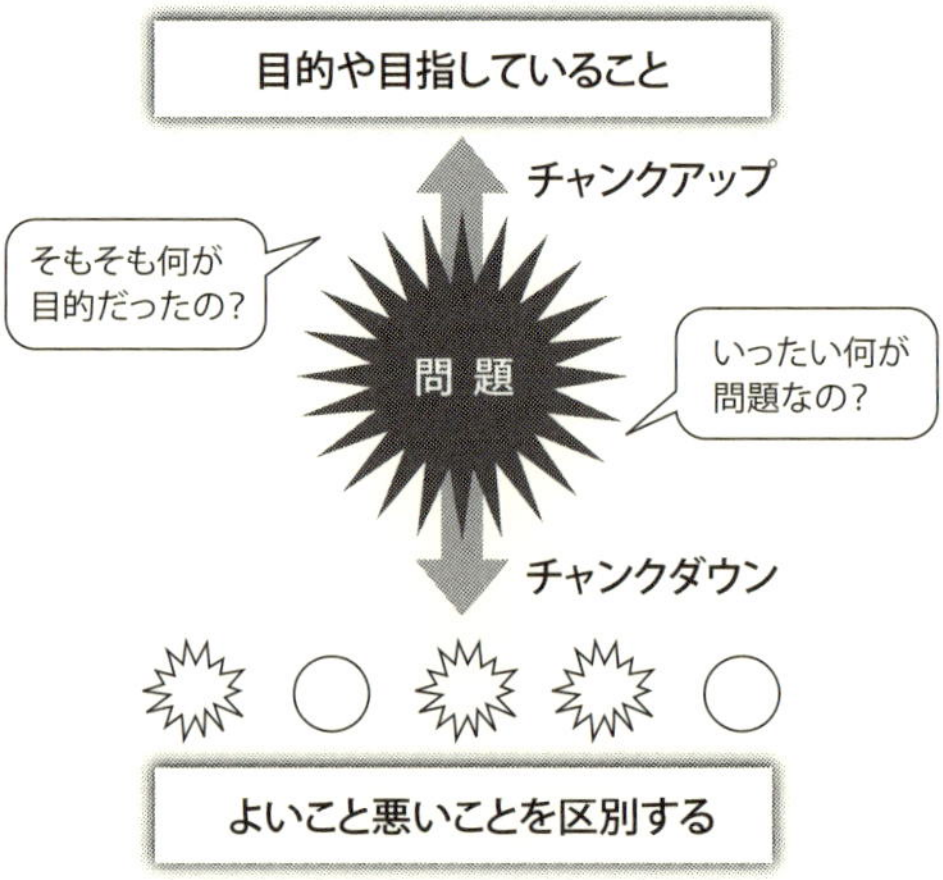

□ 問題解決に必要なチャンクアップとチャンクダウン

リー〟に抽象化することを「チャンクアップ」と呼ぶ。いったん現場から離れて「上空」からモノゴトを見ることである。

ビジネスの現場で問題が起きた場合、その仕事の「あるべき姿」を再確認することが必要だ。理想の状態をもう一度きちんと把握してから、問題に対する対処法を具体的に考えるステップに移る。今度は具体化である。上位概念からチャンクダウンするわけである。

このように、ビジネス現場では常に「上位概念化」と「具体化」、「チャンクアップ」と「チャンクダウン」が考えるうえでも実際の行動においても求められる。

目的・目標・手段をいつもチェックする

仕事を正しく行うためには、その仕事のそもそもの前提や目的を確認することは欠かせない。会議によく遅れてくる人がいるが、冒頭で説明されるであろう目的や趣旨の意味を理解しないで、個々のやることだけわかったつもりになると、実行することが目的とずれてしまいがちだ。

行うことの目的、つまりその意味を理解することは、その取り組み全体を把握することになる。これは、実際の作業を実行する前に「上位概念化」するということだ。それをしないですぐ「やること（具体化）」にかかってしまうと、取り組みをその場かぎりのものに（矮小化）したり、目的からズレたものにしてしまう。

世間では「決まったことはやるのだ」というような手段を目的にすり替え、意味を見失っている悪例が後を絶たない。何のためにやるのかがしっかりと把握できれば、柔軟な対応が取れる。要するに方法や手段についての賢明な選択肢が常に浮かんでくる。

常に「何のために何をするのか」を明確にすることが大事だ。

シミュレーションゲームにたとえるとわかりやすい。

「今回のミッション（任務）は、途中で道に迷わないためにチェックポイント3つを通り、最終的に決められた時間以内に目標地点に行き、お姫様を救出することだ」

ゲームのキーとなるのは以下の3つだ。

①チェックポイントを3つ通る
②時間内に目標地点に行く
③お姫様を救出する

目的の「お姫様を救出する」ために、具体的な目標として地図上の「場所」と制限「時間」が決まる。その一方、その手段はいろいろ考えられる可能性がある。ミッションを遂行するために、目標を設定し、手段を選ぶことになる。

しかし、「時間内に目標地点に行く」ことを目的にして、「到着したらおしまい」ではお姫様は助からない。ましてや「チェックポイントを３つ通る」ことを目的化して、そのために時間がかかってしまっては意味がない。それは目標地点にいくためのあくまで「手段」だから、早く目標に行ける手段がほかにあれば、こだわってはいけない。

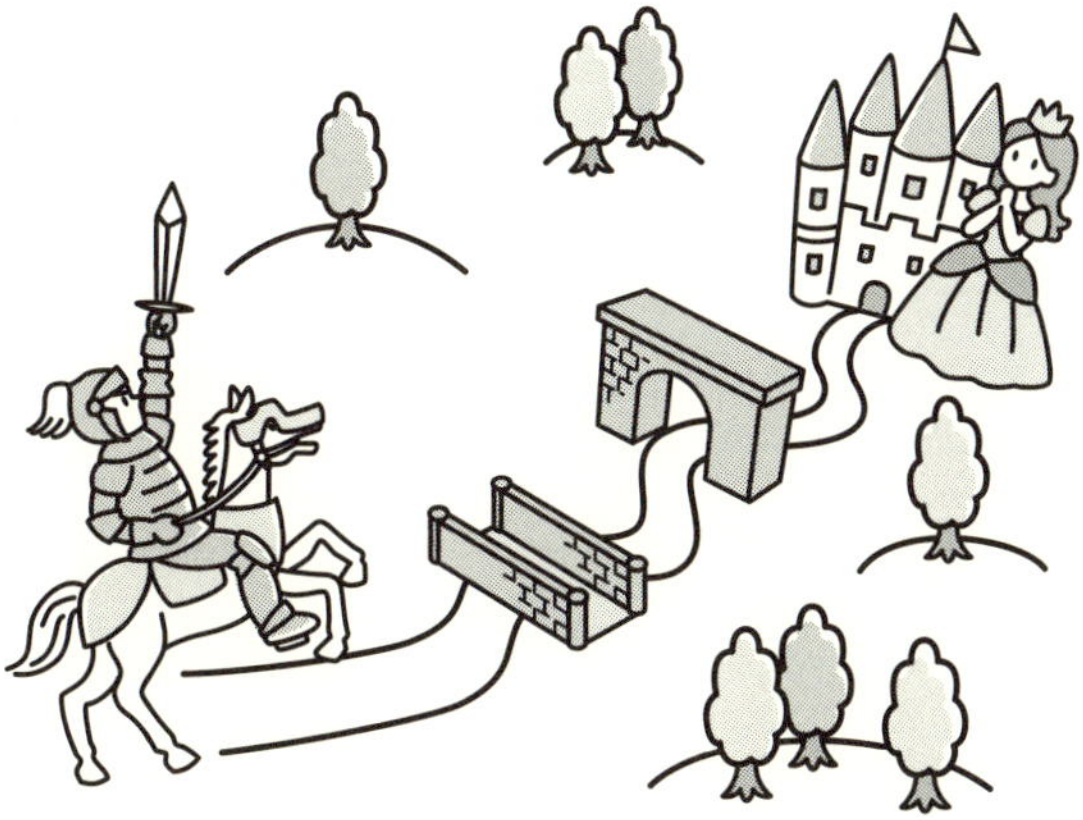

論理的であることが「自律性」や「自主性」を生む

例えば、上司に突然、「お水もってきて」と言われたらあなたはどうするだろうか。「はい、すぐに」と言って、コップに入れた水をもっていくだろうか。それとも「お水ですか？　何に使いますか？」と聞き返すだろうか。もちろん、ワンマン上司ですぐに行動しないとカンシャクを起こすようなタイプなら、急いでコップに水を入れてもって行くだろう。

しかし、求められている水は飲むためのものか、なにかを湿らせるためのものなのか、あるいは万年筆のペン先を洗うためのものなのか、「目的」がわからないと、本来なら実際に行うべき行動は具体化されないはずだ。

水は冷やしたものか常温か、水道水でいいのかペットボトルの水がいいのか、どんな容器に入れればいいのか、急いでいるのか、普通のスピードでいいのか、判断することができないからだ。

「何のために」という目的を明確にするだけで、あとの行動は決まり、「やり直し」の無駄も省ける。つまり、「思考」を先まで働かせていることになる。そんな「気の働かせ方」ができることが、「気が利く」と言うのである。

「気が利く」人材とは、言われたことしかやらない「他律的」な人材ではなく、自ら「自主的」「自律的」に思考し、問題解決やミッション遂行ができる人材のことだ。ビジネスで求められるのは、そうした人材であるのは言うまでもない。

それが求められるのは、社内業務だけではない。顧客とのやり取りにおいても、要請されていることの本来の目的を把握した上で選択肢を複数もっているときの対応と、具体的な要請だけへの対応とでは、相手の受ける印象は大きく異なる。論理的であることは柔軟性の違いとなる。

第3章

「構造化」で思考を〝見える〟ようにする

「北島君、新製品の宣伝計画は考えてくれているか？」
「ええ、いま考えています」
などと答えても、相手には考えている内容は見えない。実は、見えないのは相手ばかりではない。何気なく考えている時は、当人も考えている内容がよく見えない場合が多い。思考は頭の中での概念的な作業のため、基本的には目に見えないプロセスである。

「構造化」とは、この目に見えない思考を見えるようにすること、思考の筋道を建築の設計図または模型のような構造物にすることだ。それによって、頭の中ですぐ消えてしまいがちな概念を立体的な位置関係でとらえることができ、思考を次の段階へ進めやすくなる。

このことは論理的思考にとって大きな助けになる。カスミのようなはかない「思考」が、「形」を持つからだ。さらに、形になり、構造物になったものをさまざまな角度から眺めたり、いつでも書き直したりして考えを深める、あるいは他人が一緒に考えることができるオープンな状態になる。

自分がモノゴトを考えるためにも、考えたことを伝えるためにも「構造化」はとても効果的である。「プレゼンテーション」のトレーニングを受けた人ならわかると思うが、最初のうちに必ず「話すトピックがいくつあるのか最初にその数を言いなさい」と教えられる。

「この件では３つあります。１つ目は〜」とはじめると、聴き手の頭に３つの枠組みができるので話の内容が入りやすく、記憶に残りやすくなるのだ。

構造化の特徴は、以下の２つである。

①目に見えない「思考」の連続を形にする
②さらに個々の情報がどう関係するのかを明らかにする

その結果、以下の２つの効果がある。

①情報が構造化されると知識の体系となって記憶に残る
②知識の体系は、情報の整理箱になるので、出し入れしやすくなる

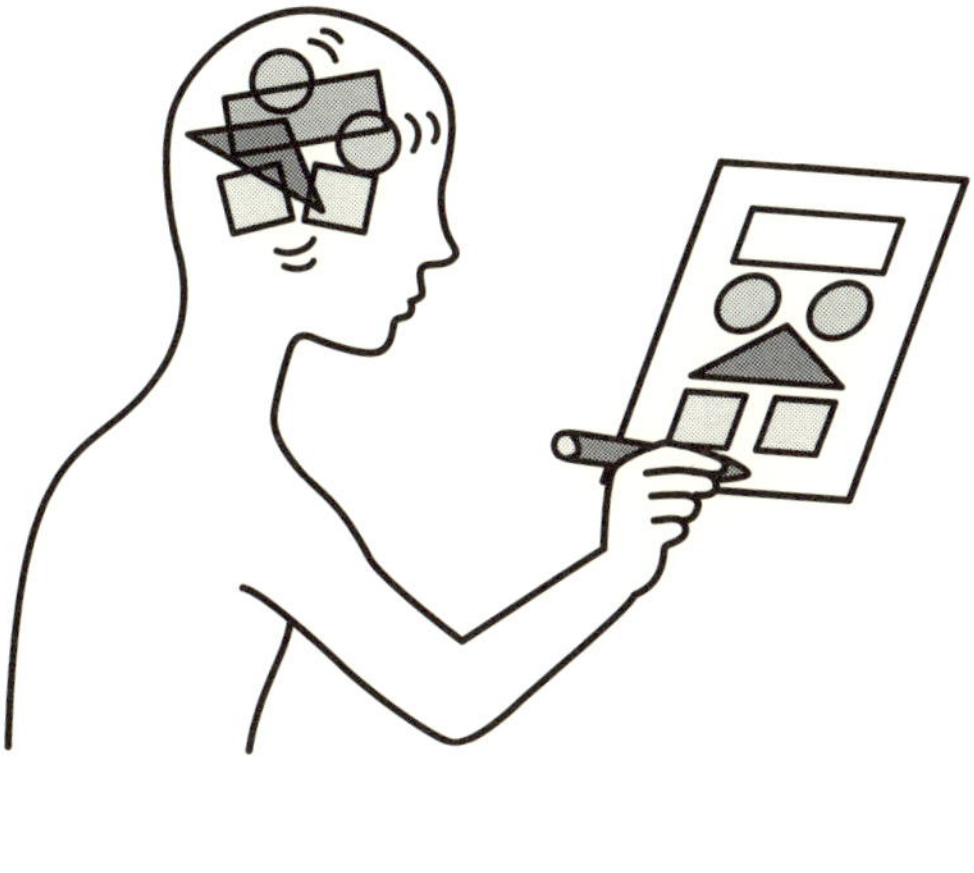

以上を踏まえた上で「構造的に思考する」というテーマに入ろう。

企業のコミュニケーション担当として、上司から「わが社の意志統一を図るため、コミュニケーション戦略の原案をつくってほしい」と依頼された時、あなたはまず何からはじめるだろうか。

いきなり「社員の全体会議を何回やって、広告宣伝費の予算はいくらで」とはやらないだろう。第一歩は、こんなことを書くにちがいない。

これは一言で「コミュニケーション」と言っても、「社内向け」と「社外向け」との両方があるということを〝構造的〟に示している。この枠組みから検討しはじめるのが順当だろう。

コミュニケーション戦略のたたき台を部署内でプレゼンする場合も、提案書の最初のページで、対象となる課題をすべてとらえた「枠組み（イシューツリー　Issue Tree）」を提示しないと、議論が初めから交錯してしまうに違いない。

「社内・社外とありますが、まず社内の課題からはじめます」と言えば、プレゼンも好スタートがきれるだろう。

1　概念をイメージ化し、直感的に共有できるようにする

考えるためには、考えていることがイメージできなければならない。考えられないのはイメージできないからである。「構造化」とは、「イメージ化」と言ってもいいだろう。

考えるためにはイメージを呼び起こすことが大切である。けれども、イメージは体験が抽象化されたものなので、実際に体験したことが少ないと考えることもうまくできないことが多い。ちなみに優秀だと評価される人たちは、決してデスクにずっと張りついていたり、社内に閉じこもっていないものだ。時間があれば新しい情報を体感するために外に出向いている。そうして自分の「枠組み」を常に豊かにしているのだ。

思考の構造化の第一歩は、まず筋道のイメージの骨格をつくることである。細かな情報は、あとでその上に肉づけするように関連づけていけばいい。余計なものをはぶいた本筋だけをしっかりと把握する。

こうした作業の連続によって、それぞれの情報が断片的に記憶されるのではなく、関連づけ

られて記憶されるようになる。そして、関連づけられた情報はある「意味」を生んでいくのだ。関連がなく「意味づけ」されないまま知識を記憶していくのとは違って、使える情報、使える知識を獲得していくことができる。しかも「イメージ」は他の人にも共有されやすいので、的確なイメージを用いて情報を伝えることで、コミュニケーションの質を飛躍的に上げることができる。

日常的によく使われるメタファー（Metaphor 比ゆ、たとえ）は、この構造化＝イメージ化の代表的な手法の1つである。

あることを相手に伝えたいが、その人がそれについて知らない場合、メタファーを使うとわかりやすい。例えば、家庭用のプリンターの交換インクが高いことを説明するメタファーに、携帯電話料金の仕組みを用いてみよう。

家庭用のプリンターの交換インクは高い価格設定がされている。なぜプリンターの本体は比較的に安いにもかかわらず、インクは高いのか。

「それは携帯電話料金の仕組みと同じだからだよ」

今後変わる可能性があるが、携帯電話の料金は、現行では通話料金が高い。それに比べて携帯電話機自体は安いものが結構多い。

なぜ低価格にしても儲かるようになっているかというと、携帯電話機を低価格に設定し、どんどん普及させる一方で、通話料金を上げることによって利益を出す構造になっているからだ。つまりランニングコストで収益を上げる構造なのだ。

プリンターもビジネスモデルは同じだ。低価格でハードを普及させ、交換インクカートリッジで利益をあげるようになっている。携帯電話料金の仕組みを知っている人の間では、このメタファーですぐにインクの高い価格の仕組みが理解できるのだ。

2 「構造化」は情報の受け入れ能力を高める

こうした構造化の手法は、記憶の分野でも活用できる。

私たちはそれぞれ記憶の仕方をもっている。「一夜に一夜に人見ごろ、人並におごれやおなご、富士山麓にオウム鳴く」などと語呂合わせで$\sqrt{2}$、$\sqrt{3}$、$\sqrt{5}$を暗記したり、歴史の年号では「なんときれいな平城京」で７１０（ナント）年と記憶した人もいるだろう。

語呂合わせは、脳の特性を利用した記憶法だ。数字だけを単純に記憶するのは難しいが、数字に言葉と映像をリンクさせてあげることで、意味をもった情報として記憶しようというわけだ。

この方法以外にも、私は電話番号や暗証番号などをテンキーの配置で記憶することがある。テンキーの数字の位置関係が地図のようになって、順番は数字キーを目で追う動線で覚える。「３２６８１０」という数字を「３」の起点から「０」の終点までのテンキー上の道筋として視覚的に記憶するのだ。これも１つの構造化と言えるだろう。

数字はただの順番でしかないが、テンキーにすると１２３、４５６、７８９の3ケタが3段に並ぶ。それを地図のような図形とするわけである。

6ケタぐらいのランダムな数字の暗証番号ならテンキー上の動線で簡単に記憶でき、忘れない。要するに「構造化」とは目に見えない概念を脳が理解しやすいように「見える形態にする」ことだ。私はそれを「見える化」すると呼んでいる。

情報を構造化するメリットは、脳の中で記憶が組織的に整理されることにある。情報は、1つの体系的な構造の一部に位置づけられ、意味づけられると、長期記憶として残っていきやすい。

「知識」というのは、「情報」が組織化されたもの、あるいは構造的に把握されたものである。

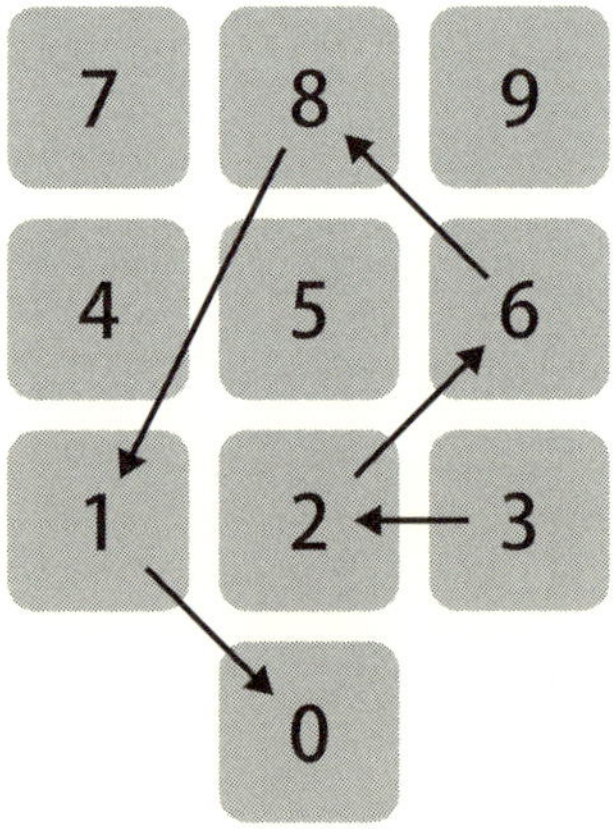

□ テンキーの位置で数字を覚える

断片的な情報だけでは、人間は行動できない。例えば、「なぜ赤信号で人は横断歩道を渡らないのか」を考えてみよう。赤信号を見て、「信号が赤」を目がキャッチする。そして、キャッチした「赤色」という情報と「赤は止まれ」という元からある情報を結びつけることによって、はじめて「道路を渡らない」という行動になる。「赤色」を認識しても、それが「止まれ」とつながらなければ、私たちは次の行動を起こさないだろう。

こうした知識記憶を「参照枠（Frame of Reference）」と呼ぶ。言わば私たちの「脳内辞書」である。「参照枠」になっていることは長期記憶なので簡単には消えない。

コンピュータでもそうだが、ハードディスクにきちんとホルダーに名前をつけて整理整頓した状態で保存されていれば過去のデータを使いやすい。しかし乱雑にただ保存されていると、どのファイルがどこにあるのか探すのに時間がかかるし、時には見つからないこともある。使えないデータベースとなってしまう。それではただの物置だ。

「一を聞いて、十を知る」とか、「目から鼻に抜ける」と言われるのは、知識が構造的に保管されていて、すぐに再生できるようになっている人のことである。つまり関連情報がネットワーク化されているのである。

脳の記憶容量には限界がある。知識を構造化することのメリットは、脳内の引き出しを整理することによって、記憶の「ムダ」「ムラ」を減らし、情報や知識を再生する時に、使える情報として効率的に引っ張りだすことができるというところにある。

先に述べたように、情報を論理的に構造化していくと、入力・処理・出力がすべてスムーズになる。

「入力」の時は、組織化された知識の中（知識構造）に組み込んでいき、余分なものは捨てる。「処理」で考えたりする時も、知識構造の中で組み替えたり、あるいは別の知識構造とつないだりして考えられる。

さらに、構造化された記憶情報は、ひとつひとつが関連する情報との関連性で把握されているために、全体像が明確になっており、人に伝えやすいという特徴がある。

例えば、「ブランド」について情報を集めたいと思ったとする。

とりあえずWEB検索してみると、企業のブランディングに関するサイトがたくさん現れる。「ブランド」には、「ブランドシステム」という考え方があり、それは「ブランドアイデンティティ」「ブランドスタイル」「ブランドテーマ」という3つのものから構成されていることがわかる。

ブランド ｛
・ブランドアイデンティティ
・ブランドスタイル
・ブランドテーマ

それぞれをまた調べていくうち、「ブランドアイデンティティ」には「コアアイデンティティ」や「拡張アイデンティティ」があるなど、〝芋づる式〟にだんだんと細かなテーマ設定がされていき、具体的な情報をキャッチしやすくなっていく。

「構造化」を一言で言えば、シンプルにした情報をつないで、ある１つの考えにまとめることである。

①目に見えない概念や思考をかみ砕いてシンプルな要素にする
②シンプルな要素を並べたり、重ねたり、つなげたりして配置する
③それによって元々の考えや概念が「家の骨格」のようにわかりやすくなる
④しかも「構造化」された情報は、部分と全体をしっかり把握できるので記憶に残る

3 「考え」を「構造化」するとは、どういうことか

「構造化」するには、とにかく書く（描く）ことである。

何かアイデアを考える時に誰に教わったわけでもなく、メモの取り方が「絵」なっている人がいる。頭の中で整理しながら人の話を聞いているのだ。「なるほど、その方法は3つある」と言いながらノートに3つに分かれる線を引いて、その先に具体的な方法を1つずつ書いたりする。

例えば、「英語の能力を上げる」ことを決意して、では具体的にどうしようかと考えたとする。「どうしようかなあ?」と漠然と思っていてもその思いは宙に消えてしまうだけだ。その思いを書き出さなければ残らない。

思いついたことが3つあるとしたら、それらを書いてみることだ。1つは、「英会話スクールに通う」。2つ目は「家庭教師を雇う」。3つ目は「放送……」というように書いてみるのだ。

その場合、ほとんどの人は、次のような「箇条書き」をしているのではないだろうか。

英語の能力を上げるために、
①英会話スクールに通う
②家庭教師を雇う
③放送・通信講座を利用する

おそらくこのように一見きちんと項目を並べた書き方をするにちがいない。

では、下図と比較してみよう。

箇条書きと比べてみると明らかにわかるのだが、図解の方は具体的なイメージが広がることが感じられるのではないだろうか。

「箇条書き」だと字面ばかりが目に飛び込んでくるのに対して、図解してみると、「英会話スクール」という文字から、教室やそこに通う生徒など、イメージが浮かびやすい。そこから連想されるイメージが浮かび、次々とアイデアを

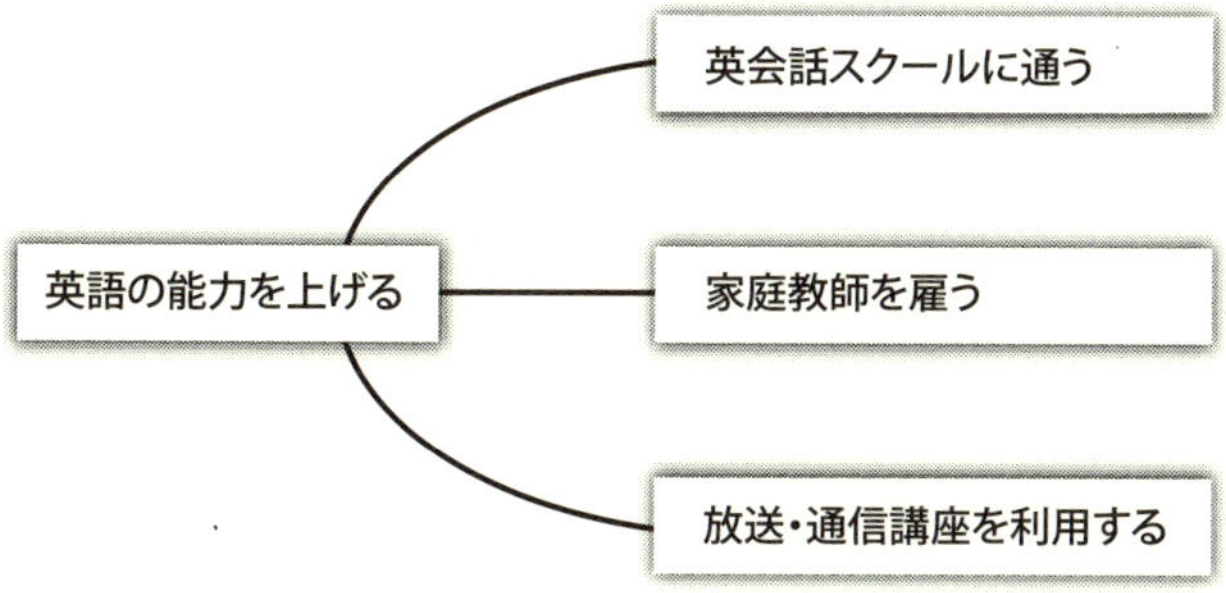

□アイデアは図解でまとめる

書きたくなってくるはずだ。この3つ以外にないか、3つをさらに具体的にするとどうなるか、など思考力が働いてくるのだ。

私たちは、「考える」時につい〝箇条書き的〟に考えてしまいがちである。箇条書きが無意味とは言わないが、箇条書きで終わってしまってはただの断片情報でしかない。構造的に整理され、因果関係などを明らかにして、はじめて〝価値ある知識〟となる。

それでは、次の例題を考えてみよう。

【例題】中国の「食糧インフレ（価格高騰）問題」を考える

中国では、ここ数年、食糧の価格高騰が起こっている。その原因は何か思いつくままあげてみてほしい。

〔回答〕

●中国は人口が多い

●中国の農村部が崩壊している
●食生活が豊かになってきている
●穀物相場が上がっている
●食材の消費が2・5倍ほどになっている

普通、例題の回答のように私たちは箇条書きにまとめるはずだ。

確かにそうなのだが、これではそれぞれの項目の関係性が把握しづらいし、因果関係などの意味が読み取りにくい。

この例題の場合なら、「時間の流れ」で考えるとよい。元々あった状況はどのようなもので、それが何によってどんな具合に変わってきたか、という経過をつかみながら情報を読んでいくと因果関係がつかみやすいだろう。そこで因果関係に沿っていくつか矢印を入れてみると、次ページのような構造化ができあがる。

こうした「構造化」は、課題を具体化する時の重要な思考ツールである。

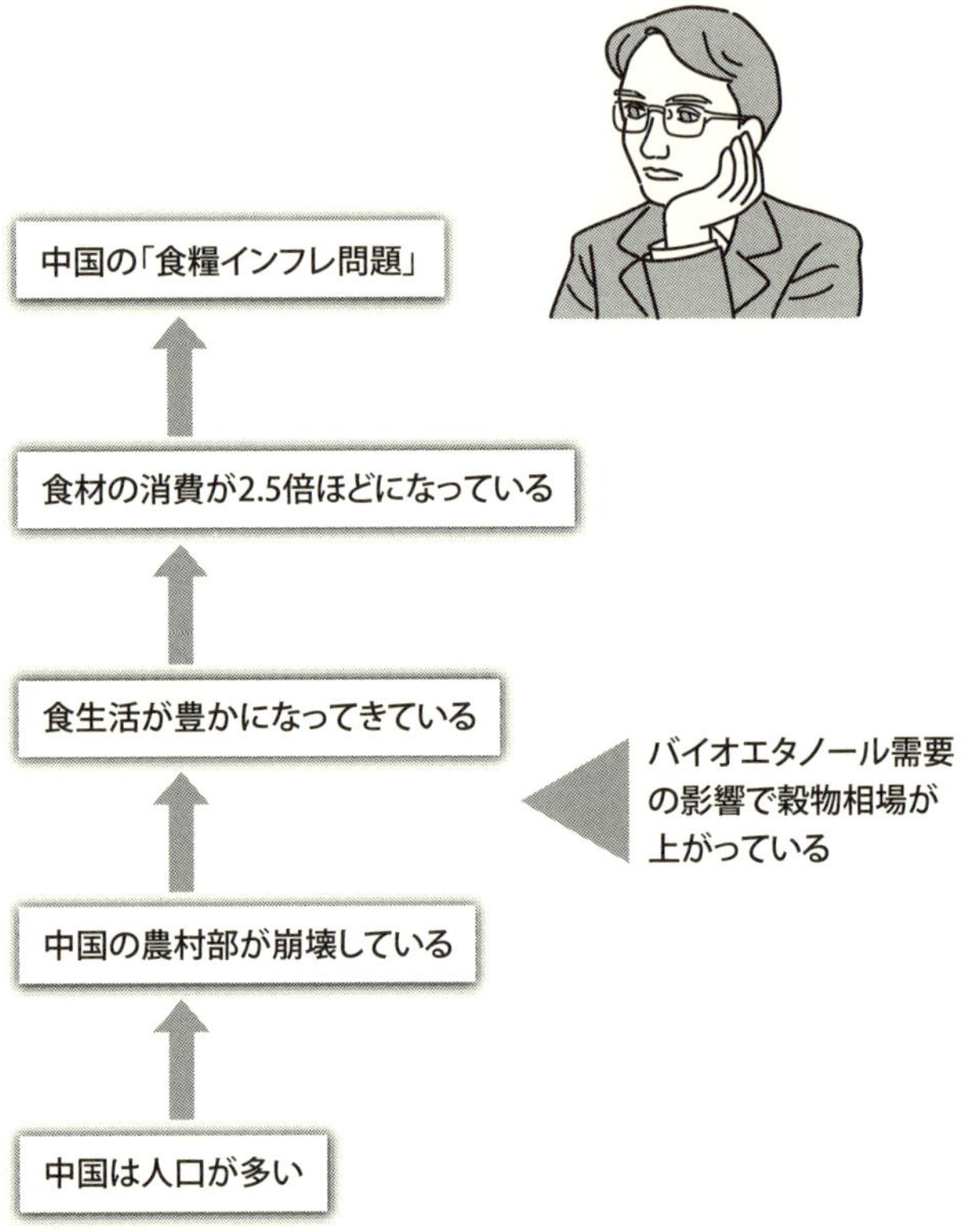

□ 箇条書きに矢印を入れるだけで構造化できる

4 時間の流れで「並べる」プロセス思考

集めた情報を目に見えるように「構造化」する一番シンプルな方法は「並べる」ことである。しかし、ただあるまとまりごとにアトランダムに置いてみても意味をなさない。ではどうやって並べるか。

その方法としていちばんわかりやすいのが、モノゴトが発生する順番、つまり経過＝プロセスを時系列で並べる方法である。それを「プロセス思考」と呼ぶ。このプロセス思考に用いるのが「フローチャート（流れ図）」だ。この図は、情報をステップごとに分けて「並べる」とできあがる。

プロセス思考の利点は2つある。

1つ目は、全体と部分（自分の位置）の関係が把握できることだ。ビジネスを例にとれば、自分の持ち場には必ず前工程と後工程があるので、「プロセス」を理解すれば、全体の流れにおける自分の「居場所（位置）」がわかるようになる。

現在の仕事を左図のようなチャートにすれば、社員のひとりひとりが仕事の流れの中で自分はどこに位置していて、全体の流れの中でどのような部分＝機能を果たしているかをひと目で認識できる。会社の中での役割分担意識が高まり、モチベーションを高めることにつながるはずだ。

2つ目は、プロセスを逆方向から見ることで、新たな発想が生まれる点だ。

例えば商品を企画する場合、「よいモノをつくれば売れる」というメーカー側の、言わば川上の観点から発想して行き詰った場合、今度は川下の顧客の視点からプロセスを見直せば、「顧客が求めているモノをつくる」といった具合に、別の発想を思いつくかもしれない。

これはプロセスを構造化してとらえればできることなのである。

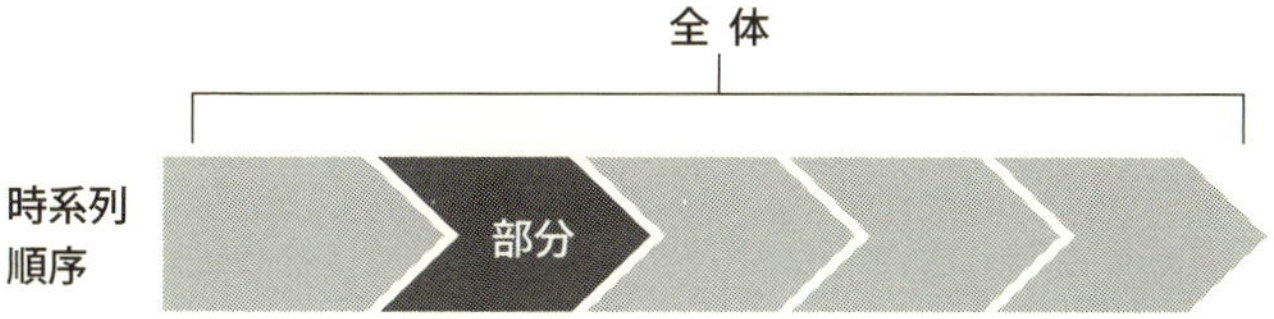

□ プロセス思考に使う「フローチャート図」

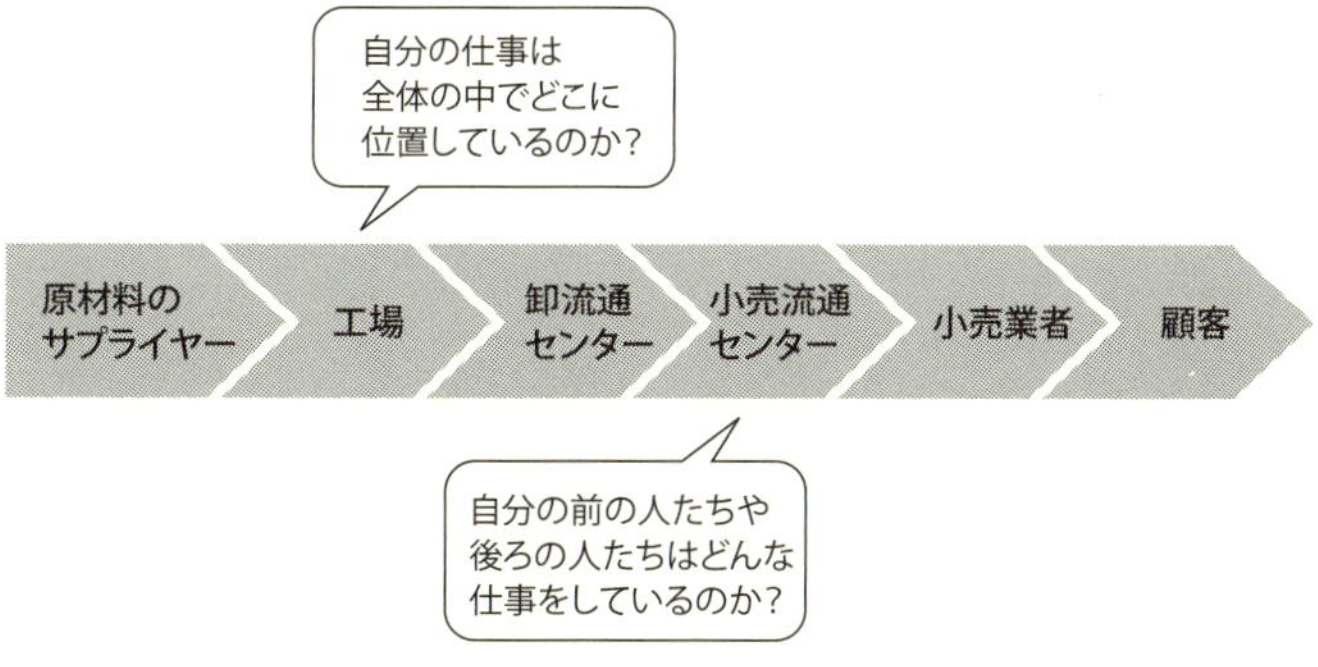

□ 仕事の流れを「フローチャート」化

5 どうしたら構造化して「比べる」ことができるだろうか

次に情報を「比べる」ことによって構造化する方法を考えてみよう。

モノゴトを比べるという場合、比較することによって何を示したいかを把握していることが重要だ。それには次の3つがある。

①相対的位置関係
②包含関係
③序列関係

それぞれの関係の意味とそれを表すのにふさわしいツールを見てみよう。

まず①の相対的位置関係で表すのは、それぞれの要素がある条件や観点から比較して、どういう位置づけにあるかである。売上高や利益率などの量的な変化、それぞれの位置（今年の売上高は昨年に比べて増・減など）、あるいは変化の傾向（上昇・下降、収束・分散など）などである。

こうした相対的な位置関係を比較して表したい時は、図式化するとわかりやすい。代表的なものがおなじみのグラフだ。棒や折れ線などのグラフはボリュームや傾向などを視覚化するので、単に数字で埋まった表ではイメージできない、それぞれの相対的な位置づけがひと目でわかる。

一方、ブランドの相対的な「強さ」などの概念的な事柄も、売上や利益率などのデータを元に図式化して表現することができる。次ページで取りあげた「バブルチャート」と言われるグラフは、この使い道にはちょうどよい。データ間の相互関係を、タテ軸、ヨコ軸だけでなく、「バブル（泡）」の大きさによって表現することができる。3つのデータの相互関係を表すことができる便利なツールだ。

次は②の包含関係について見てみよう。ここで表したいのは量や概念的な強弱の関係ではなく、「親子」「主従」などの「関係性」である。ビジネス記事で見られるグループ図（79ページ参照）などが代表的なものだ。お互いの結びつきや従属関係を視覚的に表すことができる。

最後に③の序列関係である。「序列」とは、「順位」が高いところから低いところまで全体を「階層」で分類して、それぞれの機能や役割を定義しているものだ。代表取締役がトップにいて、キャリアのスタートラインに立った新卒入社者がボトムにいる会社の役職階層や職務能力等級制度などは、「序列」の典型例だ。「序列」とはどちらかと言えば量ではなく「質」の比較と位置づけである。

例えば、たいていの企業には「企業理念」と呼ばれている概念的なバックボーンがある。「経営理念」のほかにも「使命・ミッション」「ビジョン」「バリュー」などいくつかの概念が存在するはずだ。これらを序列化してみたのが左下の図だ。

ひとつひとつの概念にどんな意味があるのか従業員が構造化して把握していなければ、どの概念がどのように自分の仕事と関係するのか理解することは難しい。こうした概念が単なるお題目になっている企業が多いのはそのためだ。

左下図は、こうした抽象的な概念を社員に理解させるのに役立つ。

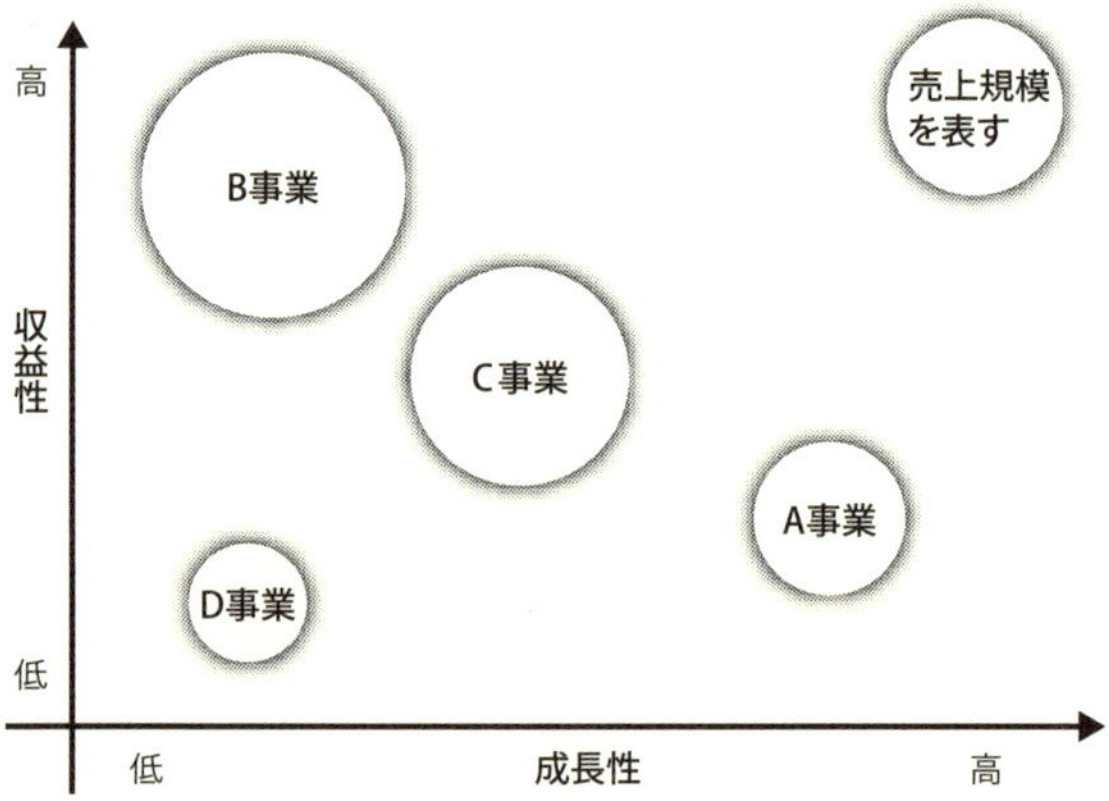

□ 相対的関係を表したバブルチャート図

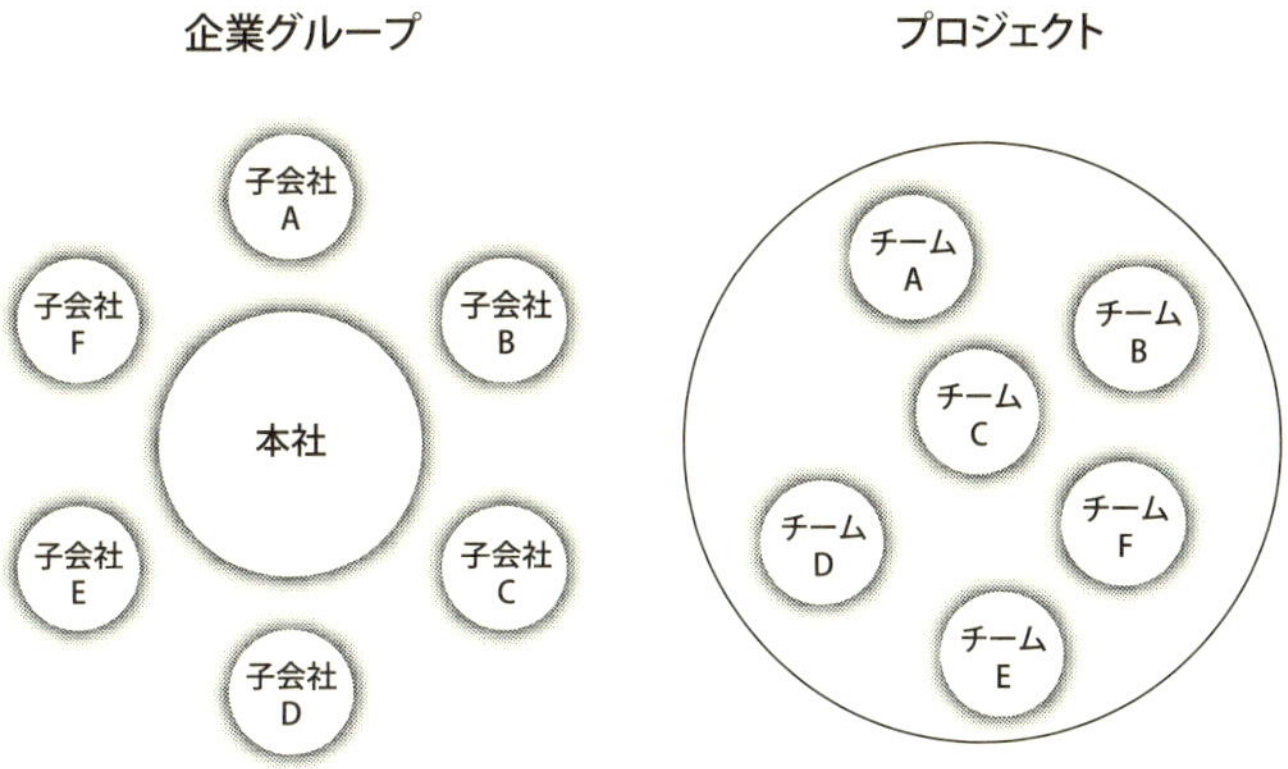

□ 包含関係を表したグループ図など

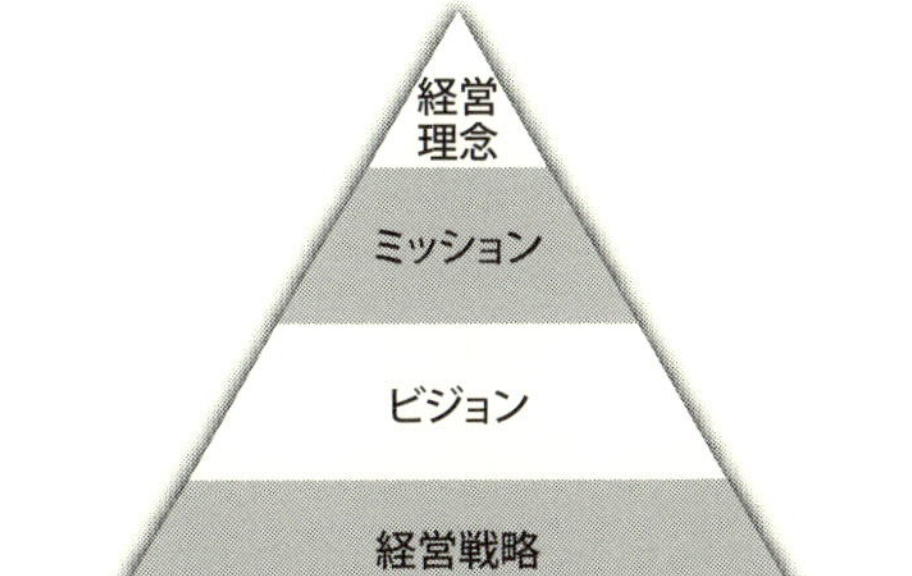

□ 序列関係を表した図

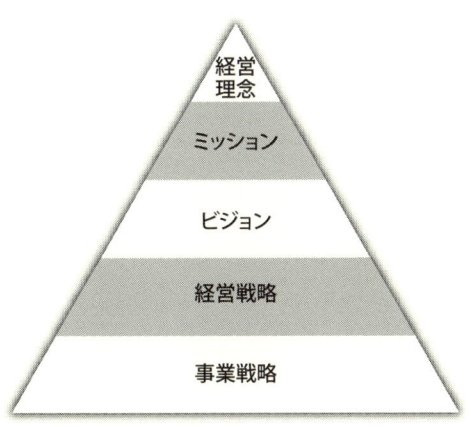

第4章

「MECE」は思考スキルの基礎

1 MECEは論理力の基礎である

これまでに述べてきたように、「論理的思考」は、簡単に言ってしまえば思考を「構造化」することである。その構造化の中心になるのが、情報を「そろえる」技術であるMECE（ミッシー Mutually Exclusive, Collectively Exhaustive）と言われるスキルである。

なぜこのスキルがそれほど重要かと言うと、考える対象になるものの全体を100％と仮定すると、それを細かく把握するために小さな項目に分ける時、1つでも欠けてしまったり、逆に重複したりする部分があれば、正確に思考できていないことになる。その「モレ・ダブリ」を防ぎ、間違った結論を出さないように「全体最適」な思考を助けてくれるのがMECEになる。

ここで言う「全体最適」とは、部分だけの利益を考える「部分最適」の反対で、部分の集まりである全体の利益が最大になることを目指すことだ。

具体的なイメージをつかむために「人」をMECEに分けてみよう。

例えば、誰にでも使ってもらえるような商品を販売しようとする場合、販売対象を漠然とし

人間

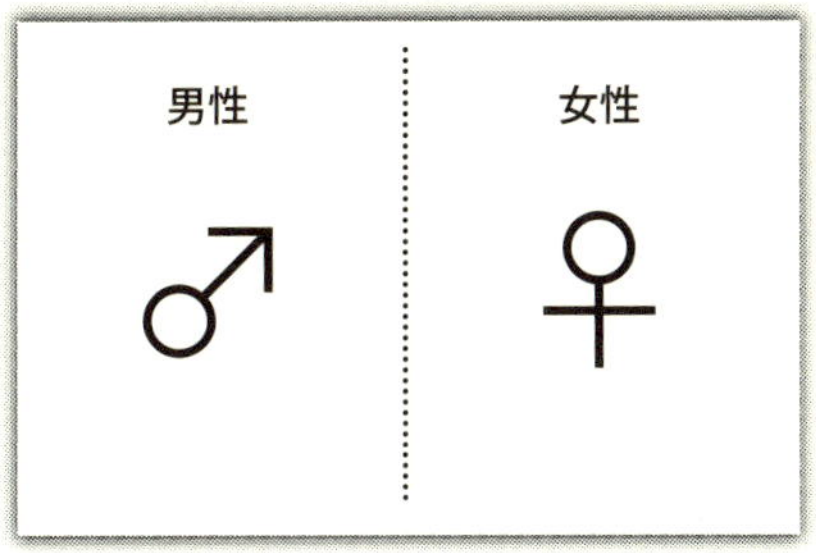

□ 人を「男性」「女性」で分ける

50歳以上
35 - 49歳
20 - 34歳
ティーン：13 - 19歳
キッズ：12歳以下

□ 人を年齢層で分ける

た「人」として販売方法を考えるようなことはしないはずだ。ターゲットである「人」を具体的にどのような区分にすると、もっと効率的に多くの商品を販売できるか考えるはずだ。

そうした分類を「セグメント」という。まずは、前ページの上図のように「男性」と「女性」に分ければ、すべての「人」はモレもダブリもなく分けられる。

あるいは、大まかな年齢層別に分けることも可能である。ただし、「若年者」や「高齢者」という具合に、年齢を何歳から何歳までと設定しないと、分け方はあいまいになる。はじめから年齢別の層をつくるほうがMECEになる。ちなみにテレビを中心とするメディアでは、年齢層を前ページの下図のように5つに分類している。内容はともかく、すべての年齢を過不足なく網羅している。

MECEについて理解を深めるために、まず「分ける」というのはどういうことなのかを考えてみたい。

2 「わかる」ためには「分ける」ことから始める

ＭＥＣＥの考え方は、「分ける」つまり「理解する」ことから始まっている。

私たちが「認識」するスタートラインは、「分ける」ことからだ。赤ん坊は、はじめ自分と他者との区別がついていないらしい。けれども触ったりなめたりして五感を試しているうちに「これは自分の身体だ」とか「自分とは違う感触がする」といったように反応の違いがわかってきて、経験的に自分とそうでないものを区別できるようになっていくという。

「分ける」ことがすなわち「理解する」ことになっていく例として、子どもがオモチャを分解するのもそうだ。子どもはわざと壊そうとしているわけではない。親にねだって新しいオモチャをようやく買ってもらうが、しばらくして分解を始める。どうしてそのオモチャがそう動くのかが不思議で、中身がどうなっているのかが知りたくなる。結果的に壊れてしまうのだが、「わかる」ために「分解」しようとするのだ。

あることについてわかるということは、他のものと分けることである。つまり、「自分」についてわかるのは、いろいろ試してみて自分とそうでないものを区別することで、「自分の輪郭」に気づいていくのである。

それが「わかる」こと、すなわち「理解する」ことの基本である。

ビジネスの例で言えば、たくさんの携帯電話機が市場に出回っているが、「P000」や「N000」などの番号はメーカーとその製品のシリーズを表している。その番号で分類することによって、たくさんの機種の中でどのような位置づけの携帯電話機なのかわかるようになっている。

これはユーザーにとって以上に開発側・メーカーにとっては重要なことである。なぜならきちんと製品を分類しておかないと、製品のラインナップの中で機能やデザインにダブリが起きたり、他社製品にはあって自社製品にはモレていたりすることが起こりやすくなるからだ。

3　さまざまなレベルの情報を〝そろえる〟

次は情報を「そろえる」ことについて考えてみよう。ここで言う「そろえる」とは、言葉の概念をそろえるという意味だ。「分類」の基本のあとで、分けたものをどうやってまとめる（グルーピング）かである。

〝そろえる〟場合の基準としては次の3つに注意しなくてはならない。

①言葉や文章の抽象度
②概念の大きさ
③方向性

単純な例をあげると、リンゴやイチゴ、パイナップル、キウイ、サクランボという果物の「種類」が並ぶ中に「フルーツ」があってはおかしい。フルーツは果物種の「総称」なので、抽象度のレベルが上だ。

また、この中に「富士」や「栃乙女（とちおとめ）」「佐藤錦」などが入ってきてもおかしい。なぜなら、これらはリンゴやイチゴなどの商品名だからだ。これが「（抽象度の）レベルをそろえる」ということである。

1つのグループの中で、それぞれのものを同じ種類、同じ抽象度にすること。そうでないと比較検討できないからである。

こうした「物」に関しては、絵にしてみれば一目瞭然である。「フルーツ」という絵を描くとするなら、いろんな果物が盛りつけられている絵になる。

次に「概念の大きさ」がそろっていないケースとして、「お客を呼び寄せる方法」を例に考えてみよう。「方法」なので具体的でなければ

ならない。頭に浮かんだことをズラズラと箇条書きにすると、

- ●WEB広告を出す
- ●客引きをする
- ●車内吊り広告を出す
- ●看板を派手にする
- ●チラシを配る
- ●ブログで口コミを起こす
- ●広告戦略を立てる

という行動レベルのラインナップができる。

一見よさそうにも見えるが、注意して読んでみると、最後の「広告戦略を立てる」という次元の異なるものが含まれている。これは同レベルでは語れない。「広告戦略を立てる」ことができてから、「WEB広告を出す」「車内吊り広告を出す」といった具体的な方法が決まるのだから「概念の大きさ」が他と違う。

広告戦略を立てる

・WEB広告を出す
・車内吊り広告を出す
・看板を派手にする
・ブログで口コミを起こす

・チラシを配る
・客引きをする

また「客引きをする」は「広告」とは言えないので、別枠にする。「チラシを配る」も「客引きをする」に近い。なぜなら広告が不特定多数にPRする「間接的な手段」であるのに対して、チラシを配るのは街で人々に対面してアピールする「直接手段」だからだ。「直接」「間接」という分類でもそれぞれの項目を「そろえる」必要がある。

4 MECEがわかれば、論理力は飛躍的にアップする

概念、あるいは情報といった大きなかたまりを小分けしていくと、１つの「要素」になる。先ほどの「広告戦略」の例でも、分解すれば「WEB広告を出す」ことや「車内吊り広告を出す」という「要素」になる。

この点を踏まえて、次の例題を読んでほしい。MECEがどんな役割をもっているかだいたいつかめるのではないだろうか。

【例題】人事採用の際、人材をどのように区分するか考える

普通は、人材をざっくりと「新卒」と「中途」に分けていることはご存知の通りである。「新卒」は学校卒業後すぐに就職する人たちのことを指し、「中途」はこれまでどこかの会

社に勤めていた社会人を指す。それですべての採用する人材を二分することができる。モレもないし、ダブリもない。

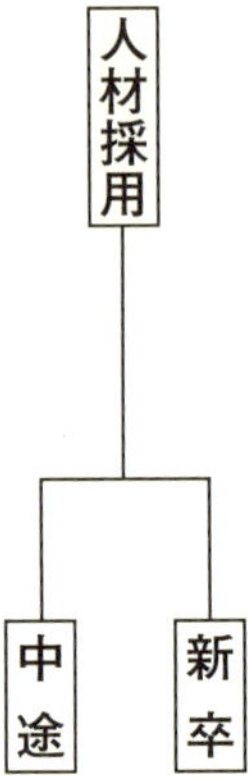

すなわちこれがMECEということである。

さらに「新卒」や「中途」について分けたいと思えば、それぞれMECEになるように分けることは可能だ。

「新卒」なら、

●文系・理系
●希望配属先

●性別

「中途」は、

●専門分野
●年齢層
●性別

などである。

ただ、大きく2つにモノゴトを分けるのはまだ簡単なのだが、3つ以上になるとやや難しくなってくる。複数あることのそれぞれを合わせてモレがないか、ダブリがないかに気をつけなければならないからだ。

中途採用では、年度内に採用すべき人材の数と要件があり、一方で採用予算枠があるはずだ。どの人材採用に何%の予算を当てるかMECEでなければならない。仮に予算オーバーになったとしたら、それはどこかにダブリがあったからである。

言うなれば、MECEとはテーマを切り分け、そろえる時の「思考のルール」あるいは「ガイドライン」である。

ＭＥＣＥは論理学の基本である。実は、紀元前のギリシャ時代にすでに「分類」についてアリストテレスは次のように述べている。

①区分は、その各段階においては、ただ1つの区分原理によってなされなければならない。

②区分された区分肢は、相互に排他的でなければならない。

③区分は網羅的でなければならない。

これはまさしくＭＥＣＥである。人類の英知は2000年以上も前から「分類」を理解していたことがわかる。

ＭＥＣＥはそれだけ歴史のある思考技法であり、本質的な普遍性があるからこそ現代でも活用されている。

つまり、先のアリストテレスの言葉をやさしく言い換えると、

①モノゴトを区分けする時は、区分けする考え方を統一する

②区分けしたコトは、他のコトと内容が重ならないようにする

③区分けしたコトには、元のコト全体からモレがないようにする

ということである。

理解を確実にするために別の例で考えてみよう。

飲食店が顧客のリピート率を高めるにはどんなことが大事か、というのはどうだろうか。飲食店が一見の顧客だけでやっていけるのは、大都市圏の繁華な立地だけである。遠くからでも足を伸ばしてもらうには何に力を入れればいいのだろうか。「考えてくれ」と依頼された時、あなたならどのようなＭＥＣＥをつくるだろうか。

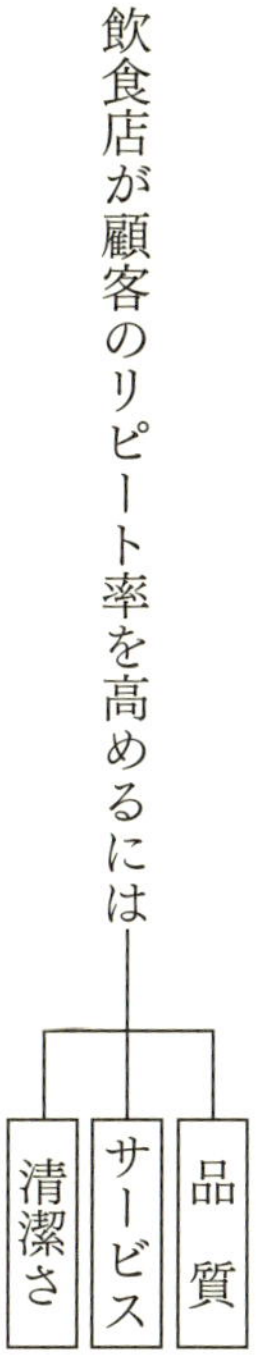

まず思いつくのは、「品質」「サービス」「清潔さ」といったところだろう。

もしこの３つ以外に重要なことがモレていたら、これはＭＥＣＥではないことになる。目的である「飲食店が顧客のリピート率を高めるには」に関してはモレがないだろうか。

考えてみると、例えば「価格」がある。先の3つに顧客がすべて満足しても、料理の価格が顧客と想定している対象の所得水準からかけ離れていたら、リピーターにはならない。なりたくても、なれないだろう。つまり、最初の「品質」「サービス」「清潔さ」だけではMECEではないことになる。

MECEであるかをチェックすることは、目的に合ったすべての選択肢が並べられているか、その中には同じものが入っていないかを確認することだ。それが目的に沿ったベストな選択をするために有効なのである。

MECEを考えること自体が論理的な作業だ。慣れるまで時間がかかるかもしれないが、慣れると論理構造をつくることが早くなる。

もう1つ具体例で考えてみよう。

【例題】在宅勤務制度のメリットを考える

最近では日本を代表する電器メーカーが在宅勤務制度を定着させている。そのメリットは

何で、何が期待できるかということをMECEに提示してほしい。

切り口を発見する方法としていちばん簡単なのは、在宅勤務のメリットと思われる事実をすべて書き出してみることである。具体的には次のようなものがあげられるだろう。

●通勤時間分の時間を有効活用できる
●来客や会議での中断がないので、集中できる
●仕事の合い間に家族の世話をすることができる

次にそれらをテーマ分類してみることだ。実際にやってみると「(時間活用の）効率化」「能率」「仕事とプライベートの両立」という3つのテーマにまとまるはずだ。

これらを会議用の表現に変えると、

①時間活用の効率化が図れる
②単位時間の能率が上がる

③ワークライフバランス（＊）が図れる

という具合になるだろう。

これら3つの事柄は内容的に重なっていないし、在宅勤務のメリットがすべてあげられているはずだ。つまり「モレなく、ダブリなく」説明する糸口ができたのである。

＊ワークライフバランス　仕事とプライベートを両立させること。

5　考えのおよぶ範囲を広げ、ムダをなくす思考法

ＭＥＣＥは、全体を分類した上でそろえるスキルである以上、モノゴトやテーマについて考えたり、要素を出したりすることが求められる。

アイデアは「これでもか、これでもか」とばかり考えられるだけのことを出し尽くすことからはじめ、その後で整理するほうが選択肢は広がる。しかし、「出し尽くす」と言っても何もしないで出てくるわけではない。それなりのテクニックが必要だ。

ここで、どうしたら自分の思考を広げたり、掘り下げたりすることができるか、そのための方法について考えてみよう。

思い込みの枠を広げる対立概念

細かく分類したり、具体策を考えたりする場合などに、思考の範囲を広げるためのテクニックとして、一方向に考えると同時に反対方向にも考えをめぐらす方法がある。「対立する概

念」を利用する手法である。

大気汚染という環境問題について解決する方法を考える場合、「悪いものを減らす」方向だけを考えるのではなく、「よいものを増やす」方向でも考えると、具体的なアイデアが増える。

つまりは、以下のことになる。

悪いものを減らす↕よいものを増やす

●大気汚染の原因となるものを「減らす」
・自動車の排気ガスから汚染物質が出ないようにする
・工場の煤煙に含まれる汚染物質を最小限に抑える
・ゴミを減らす

●大気汚染を軽減する効果のあるものを「増やす」
・森林を増やす
・都会の緑を増やす
・太陽光発電装置を増やす

・燃料電池や水素エンジンの自動車を増やす

このように反対の概念をぶつけることで、自分の考えが広がっていく。いわゆる「視野が広がる」とはこのことだ。

・上↕下　・開↕閉　・鋭↕鈍　・新↕古
・左↕右　・熱↕冷　・広↕狭　・浮↕沈
・天↕地　・固↕柔　・重↕軽　・裏↕表
・良↕悪　・濃↕薄　・乾↕湿　・動↕静

など、「対立概念」はちょっと考えただけでもいくつも書き出すことができる。対立概念を考えることは頭の体操にもなるだけでなく、後述する「マトリックス思考」などで考える軸を設定する場合のヒントにもなる。

「フレームワーク」思考は、思考を「標準化」する

自由に考えていい場合でも、思考の仕方には案外クセがあるものだ。ついやってしまうことに次の3つがあり、思考を狭めたり歪めたりしがちだ。たぶん誰もが思い当たるのではないだろうか。

①省略
論理の「飛び」。前提からいきなり結論へ行ってしまうので、聴き手には意味がわからない。

②一般化
一例をすべてに結びつける。「だいたいこの会社はね」などと数名の人間しか観察できていないのに、「すべてだ」としてしまう。

③歪曲
モノゴトを自分の枠組みで解釈する。情報を把握する「視点」が一極しかない。

こうした一般的に誰もが起こしてしまう思考のひずみをできるだけ解消していく助けとなるのが、「フレームワーク思考」だ。

ある課題を解いていく時に、どういう見方や切り口で考えはじめればいいのかがわかっていれば、気分的にも楽だし、解決策を考え出すための時間短縮にもなる。「フレームワーク（枠組み）」というのはそのために考え出されたものである。

考える訓練なら、最初からフレームワークなど使わずにとことんアイデアを出し、試行錯誤することが学習になる。しかしビジネスでは効率よく仕事を進めなければならないので、手軽で確実なフレームワークを使うことも必要だ。「フレームワーク」で考える対象となる範囲を決めてから、アイデア出しをすれば思考のスピードを速められることは言うまでもない。洗練された枠組みをゼロからつくることは難しいので、最初は「既製品」を使ってみてから自分

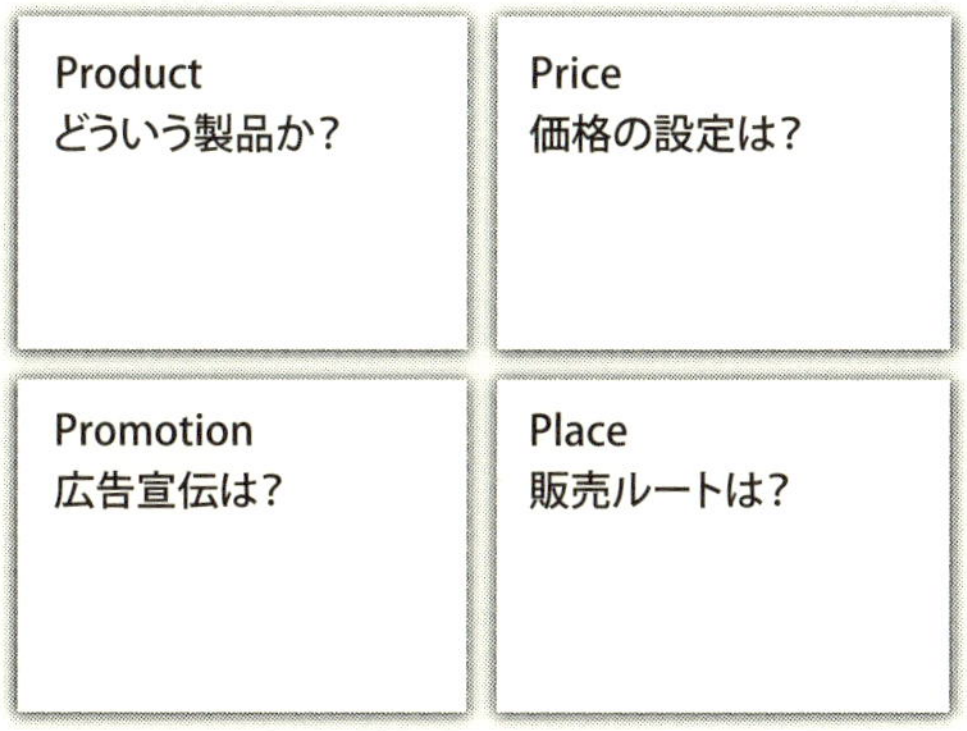

□ マーケティングで使われる「4P」の図

なりの工夫を加えるといいだろう。
フレームワークの代表例として、マーケティング分野で有名な「4P」を紹介する。これは市場から期待する反応を引き出すための切り口を、「Product（製品）」「Price（価格）」「Promotion（広告宣伝）」「Place（販売ルート）」の4つのPから考えるものである。
例えば、ある新しい「歯ブラシ」を製品化して市場に売り出そうとする時、どこまで視野を広げればいいのかをゼロから考えることは、モレやダブリが怖い。「4P」を使えば、どんな枠組みで考え、情報を整理すればいいのかわかるので効率的にMECEができる。

【製品】歯ブラシの特長づくり……歯のすみずみまで届く毛先、持ちやすい柄の部分。
【価格】希望小売価格……コストを踏まえ、品質に対して消費者が納得する価格設定。
【販売促進】広告や宣伝計画……テレビCMや雑誌・新聞広告などキャンペーン計画。
【流通】販売ルート……新歯ブラシに合った販売の仕方や販売店。

「4P」というフレームワークのおかげで、そう大きなズレがなく具体的に考え始めることができるのだ。

6　共通の性質を持つものをひとまとめにするグルーピング

「グルーピング」とはMECEの技術を使って同じ性質のもの同士を分けてまとめる技術だ。グルーピングする時に大事なのは、同じ集合内の個々のもの同士、またグループ同士を「MECE」にすることである。そうでなければ、ただ数を集めただけのものになってしまうのでまったく意味をなさない。

ビジネスでは、何かを主張する時にその根拠となるものが必ず求められる。ある主張を支援する根拠は必ずグルーピングして、その主張のための土台＝根拠を固めなければならない（次ページのイメージ図を参照）。

問題解決などでも、現れている問題の現象がいくつか見られる場合、それらをグルーピングすることがある。

●問題の種類
●問題の発生場所
●問題の規模の大小

●問題の原因

などとグルーピングしてから対処する。

MECEやこのグルーピングという技術を使いこなせてこそ、より高度な思考技法が可能になっていく。単純な対象なら簡単なことだが、複雑な問題解決では対象を「分ける・そろえる・まとめる」という作業自体に分析する力が求められる。

MECEにグルーピングしていく方法

ここまでMECEのやり方を述べてきたが、商品をカテゴリーに分けるにしても、抽象的な概念を分類するにしても、最初からMECEにすることは意外にむずかしい。そこで実際の作

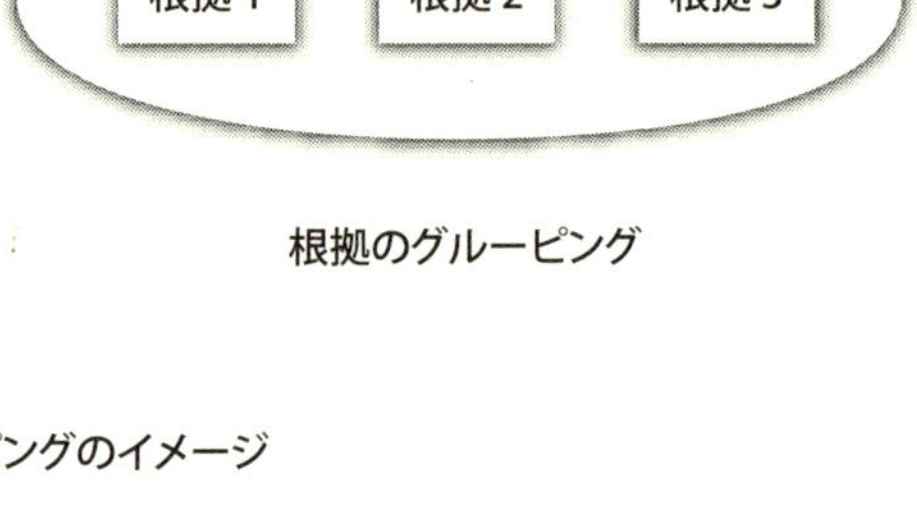

根拠のグルーピング

□ グルーピングのイメージ

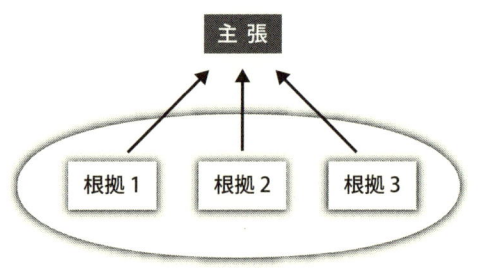

業手順としては、いくつかの分類項目を書き出していき、加えたり削除したりしてＭＥＣＥにつくり上げるほうがいい。

はじめは、具体例をたくさん書き出し、それをまとめあげていく方法がベターだろう。

①まず自由連想で、思いつく限りのことを書き出す
・使えそうな情報をまずブレーンストーミングですべてあげる
・ＭＥＣＥはあまり意識しなくていい
②最初から細かくグルーピングせずに、大まかにグルーピングする
・書き出した項目を内容でいくつかのグループに分ける
③グループ内でＭＥＣＥにする
・グループの中で「モレ・ダブリ・ハズレ」をチェックする
・グループの中で「抽象」の下に「具体」をぶら下げて階層化する
④グループに名前をつける
・そのグループが何を言っているのかを要約するタイトルをつける

具体的な例で考えてみよう。今「旬」の企業ブランドや製品ブランドについての戦略である

「ブランディング」でグルーピングを見てみよう。

最近では松下電器産業の「PANASONIC（パナソニック）」へのブランド統合がいい例であるように、ブランディングは現在のビジネスにおける重要な戦略の1つ。ブランドの確立に成功すると売上は9倍になるとも言われている。逆に、ブランド戦略が混乱すると、売上に対する悪影響も大きくなる。当然ながら、それに気づいた企業はブランディングに注力している。

さて、ブランディングの問題点を思いつくままあげてみた。

【問題点】

・新しいビジネスが主流なのに古いビジネスでのブランドが認知されてしまったままだ
・国内では認知されているが、海外ではほとんど認知されていない
・名刺が明朝体、縦書きでモダンなデザインではない
・社員がブランドを理解していない
・企業イメージが古いままである
・グループ会社全体にブランドが浸透していない
・社名のロゴにシャープさがない
・商品の品質を向上させる体制ができていない

・ブランドへの取り組みが社内でバラバラだ
・新技術の商品ブランドが市場に理解してもらえない
・ホームページがかっこ悪い
・トップがブランドに理解がない

この問題点をともかくグルーピングしてみると、次ページの上図になる。

グルーピングする時には、すでに頭の中には「そのグループを何でまとめるか」をおおよそ考えているはずだ。項目をいくつか見ていくと共通項を見出すことができるので、それらをピックアップしていけばいい。

その共通項を考えて、思いつくまま共通項を書き入れてみたのが次ページの下図になる。

これら４つのグループを見てほしい。ただし、４つ目の「スタイルの統一」という名前だけが具体的で、他の３つと抽象度が合っていないことに気づくはずだ。次の段階では、この抽象度を合わせることが課題となる。例えば、「ブランドイメージの確立」という具合に書き換えるなど、抽象度を他の３つにそろえなくてはならない。

- 新しいビジネスが主流なのに古いビジネスでブランドが認知されてしまったままだ
- 国内では認知されているが、海外ではほとんど認知されていない
- 企業イメージが古いままである
- 新技術の商品ブランドが市場に理解してもらえない

- トップがブランドに理解がない
- 社員がブランドを理解していない
- グループ会社全体にブランドが浸透していない

- 名刺が明朝体、縦書きでモダンなデザインではない
- 社名のロゴにシャープさがない
- ホームページがかっこ悪い

- ブランドへの取り組みが社内でバラバラだ
- 商品の品質を向上させる体制ができていない

□ ブランディングの問題点をグルーピング

外部への浸透策

- 新しいビジネスが主流なのに古いビジネスでブランドが認知されてしまったままだ
- 国内では認知されているが、海外ではほとんど認知されていない
- 企業イメージが古いままである
- 新技術の商品ブランドが市場に理解してもらえない

内部への浸透策

- トップがブランドに理解がない
- 社員がブランドを理解していない
- グループ会社全体にブランドが浸透していない

スタイルの統一

- 名刺が明朝体、縦書きでモダンなデザインではない
- 社名のロゴにシャープさがない
- ホームページがかっこ悪い

施策の統一

- ブランドへの取り組みが社内でバラバラだ
- 商品の品質を向上させる体制ができていない

□ グルーピングしたものの共通項を考える

7　分析と整理に役立つ「マトリックス」を使いこなす

ここまでMECEという考え方を理解し、グルーピングするためにMECEを活用することを見てきた。次にMECEとグルーピングを使う時に便利なフレームワーク思考に欠かせない「マトリックス　Matrix」を学ぼう。

マトリックスは、タテ・ヨコ2つの軸を組み合わせ、検討する要素をポジショニング（＊）することによって、問題解決の方法やアイデアを発想・発見したり、意思決定したりする、あるいは分析、整理することを助けてくれる論理思考のツールだ。

マトリックスには、役割・機能に応じて2つのタイプがある。

①ボックス型……情報の分析・整理

比較検討したい複数の対象と、対象を評価する項目を箱型に並べ、評価コメントなどを書き込む枠組みとして使われる。図の全体が見渡せるので、比較しやすいというメリットがある。

②座標型……要素のポジショニング

通常、ビジネスでは自社の業界内での位置づけや製品・商品のマーケティング上の立場を他社のそれらと明確に分ける枠組みとして使われる。自社にとって有利なポジションを探すためにポジショニングを行うことが多い。

これら2つの機能について解説していこう。

＊ポジショニング　分類されたある領域の中でどのような立場、位置づけなのかを明らかにすること。

情報の分析・整理は「ボックス型」

複数の比較対照する情報に対して分析や整理を行う時に便利なのが「ボックス型」である。なぜかというと、課題をMECEに切り分ける形で、「軸」を設定するので、不足や不整合に気づきやすい。「セル」の空白は「モレ」なのですぐにわかる。

さらに必要ならば、いくらでも必要な切り口や「評価軸」を増やすことができる。

実際に手書きでホワイトボードなどに書き始めると、最初のうちは思いつくままに「軸」の設定を行うため、「ダブリ」や「モレ」が発生することがある。それは書きながら議論していくとわかってくる。しかし書きながら修正していけばよいのでまったく問題ない。かえって修正の指摘を恐れて書かないことのほうが問題である。

それでは「飲料」について、世の中に出回っているさまざまな種類のものをすべて書き出し、それぞれの評価を行ってみよう。

上図では、「飲みやすさ」「保存しやすさ」「携帯しやすさ」という具合に、MECEらしくなっているが、４の「扱いやすさ」は「携帯しやすさ」にも関係しそうである。

ただし、初めの段階では、こうしたことは気

	1 飲みやすさ	2 保存しやすさ	3 携帯しやすさ	4 扱いやすさ
A 缶入り				
B ビン入り				
C ペットボトル				
D 紙パック				

□ 缶飲料の評価軸

にせず、とりあえず書いておくことだ。そこから新しい軸が発見できることもあるので、すぐにMECEではないからといって捨てることはしないほうがいい。内容を検討していくうちに、いずれモレやダブリは明らかになる。

【例題】社用車として使う自動車を選定する

「社用車を選定してほしい」と言われた場合、どのような基準であなたは選ぶだろうか。やや専門的な表現になるが、自動車を選ぶ場合、次ページ上図のような評価軸をよく用いるようだ。ただ社用車の選定では、評価軸に「官能性」はあまり必要ないかもしれない。感覚的な魅力を測ろうとする軸なので、この場合は省いてもかまわないだろう。「居住性」や「安全性」など、まず一般的な自動車の評価フレームワーク的な軸を設定しておいてから、いらないものは省き、新たなものを加えればいい。もちろん、「定員」など絶対必要な条件は、車種を選ぶ前提として入れておくべきだろう。

	操縦性	官能性	経済性	快適性
A車				
B車				
C車				

□ 自動車の評価軸

	操縦性	経済性	快適性	居住性	安全性
A車	直進性能: コーナーリング: ブレーキ性能: 視界:	車両価格: 燃費: 他維持費:	静かさ: 座席: 視界:	広さ: 天井高:	衝突時: 盗難:
B車	直進性能: コーナーリング: ブレーキ性能: 視界:	車両価格: 燃費: 他維持費:	静かさ: 座席: 視界:	広さ: 天井高:	衝突時: 盗難:
C車	直進性能: コーナーリング: ブレーキ性能: 視界:	車両価格: 燃費: 他維持費:	静かさ: 座席: 視界:	広さ: 天井高:	衝突時: 盗難:

□ 自動車の評価軸に細かく書き入れてみる

自動車としての基本的な条件には、「居住性」や「安全性」がある。他にも営業で長時間使うことを考えるとある程度の「快適性」や「操縦性」も必要だ。それに経費は少ないに越したことはないから、燃費のよい「経済性」に優れた車種がいいということになる。もちろん、会社によっては、ブランドイメージを大切にするという理由で「デザイン」も評価軸に加えることになるだろう。このようにボックス型なら必要な軸を簡単に足していくことができる。

それぞれの評価軸をさらに具体化して、項目ごとに書き込むことによって評価のモレがなくなる。すると前ページの下図になるだろう。それぞれの軸がMECEであるかどうかは、軸が何を意味しているのか細かく書いてみるとよくわかる。

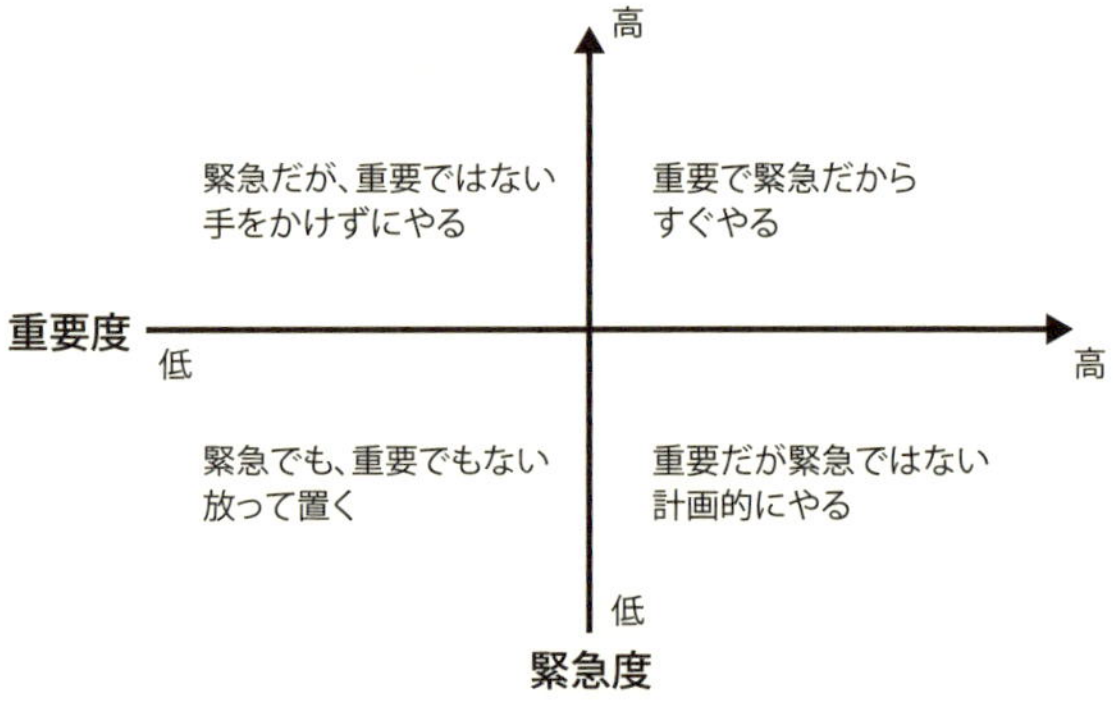

□ 仕事でやるべきことをマトリックスにする

要素のポジショニングには「座標型」

要素のポジショニングには、タテとヨコの2軸で構成する「座標型」のマトリックスをつくるとよい。まず4つの座標空間のどこに要素を配置するかが意味を持つ。それぞれの傾向が「強い」とか「弱い」ことを4つの空間のどこにあるかで表すのである。

そして、さらに1つの空間の中でも傾向が強いものと弱いものを「配置」する場所によって表現することができる。

前ページのポジショニングの例は、仕事のリストを振り分け、優先順位を決めたものだ。これは、ビジネスにおける「To Do List」の構造化である。やるべきことを4つの座標空間に振り分けるのだ。この場合、何をもって「重要」と判断するのか最初に評価方法を決めておくことは言うまでもない。

ビジネスの現場では、重要なことを優先的に行うべきなのだが、現実的にはそうもいかないだろう。重要だからといって、必ずしも先に手をつけるわけではない。つまらないことだが、やむをえず急を要するものから先に取りかかってしまうこともある。

こうした事態を避けるためにも、このような「座標型マトリックス」を手早く書いて予定を立てるような習慣があると、仕事を効率的に進められるのではないだろうか。

では、次のようなストーリーから、どのようなマトリックスがつくれるだろうか。想像しながら読んでみてほしい。

ある会社で本来の能力に合わせた適材適所の配置を行い、社員の能力を最大限に発揮してもらうことで、会社の業績をさらに上げようということになった。

まず手はじめに、成績が思わしくない営業部門について調べてみた。Aさんのほか新人Jさんまでの10名である。成績が良いのは、Aさん、Eさん、Iさん、Jさんであった。次によいのがDさん、Hさん、Gさん。よくないのは、Bさん、Cさん、Fさんだ。

それぞれの人に会ってみると、なるほど印象が異なる。成績のよい人たちは、どちらかと言うと「親近感」がある。人なつこいのだ。成績のよくない3人は、とっつきにくい印象を受ける。それだけでなく、成績のよい人たちもよくない人たちも、興味が違うように感じるのだ。人事担当者は、いったい何が違うのか不思議に思って全員に簡単なテストを受けてもらった。

結果は次のページの図である。

これは人材がどのようなことに興味・関心があるかということに基づいてタイプ分析したマトリックスである。「ヒト↕モノ」と「データ↕アイデア」という2軸の座標となっている。

例えば、「ヒト」と「アイデア」のCには、DとHとGさんの3人がいる。Cは「ヒト」と「アイデア」に興味をもつグループなので、人と接しながら新しい発想をしていくような仕事に向いていると言える。3人とも大きな方向性としては同じだが、Hさんがもっとも「ヒト」への興味が強いことを表している。Dさんは中心に近いので、「ヒト」へも「アイデア」へも興味がありながら、「モノ」や「データ」も嫌いではないだろう、というように読むこと

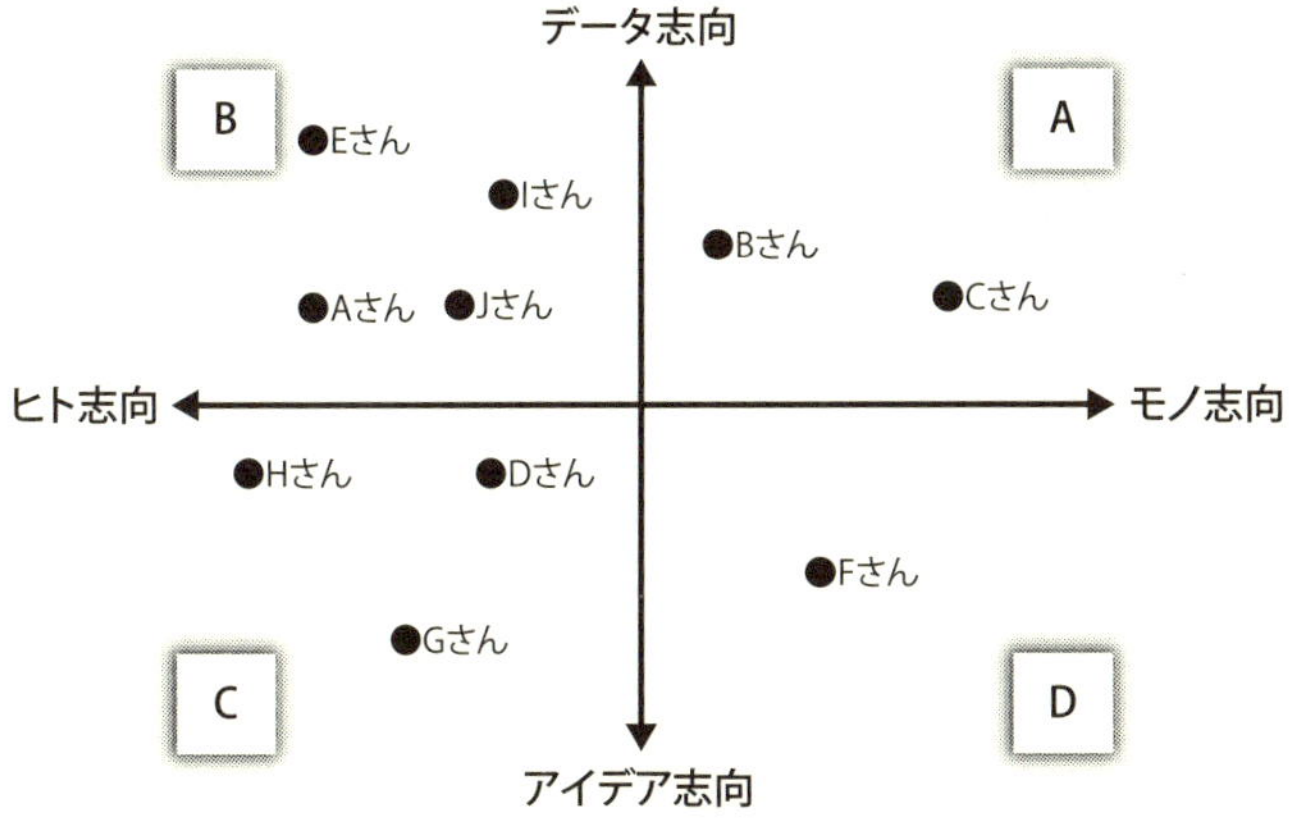

□ 何に興味があるかで人材をマトリックスにまとめる

ができる。

営業成績のよい人が集まったグループである[B]は、「ヒト」と「データ」に興味がある。つまり、人と接することを楽しみながら数字などのデータを駆使して営業活動を行っていることが想像される。

[D]のＦさんは、あまり人には興味がない一方で、モノやアイデア志向なので、営業よりも開発系の仕事に能力を発揮する可能性があると類推できる。座標型マトリックスを使うことで、各自が適した仕事がひと目で理解できるのだ。

この座標型マトリックスに慣れるために他の事例をあげてみよう。下の４つのマトリックスはそれぞれ何に使えるか考えてみよう。私が、考えたのは左のものだ。

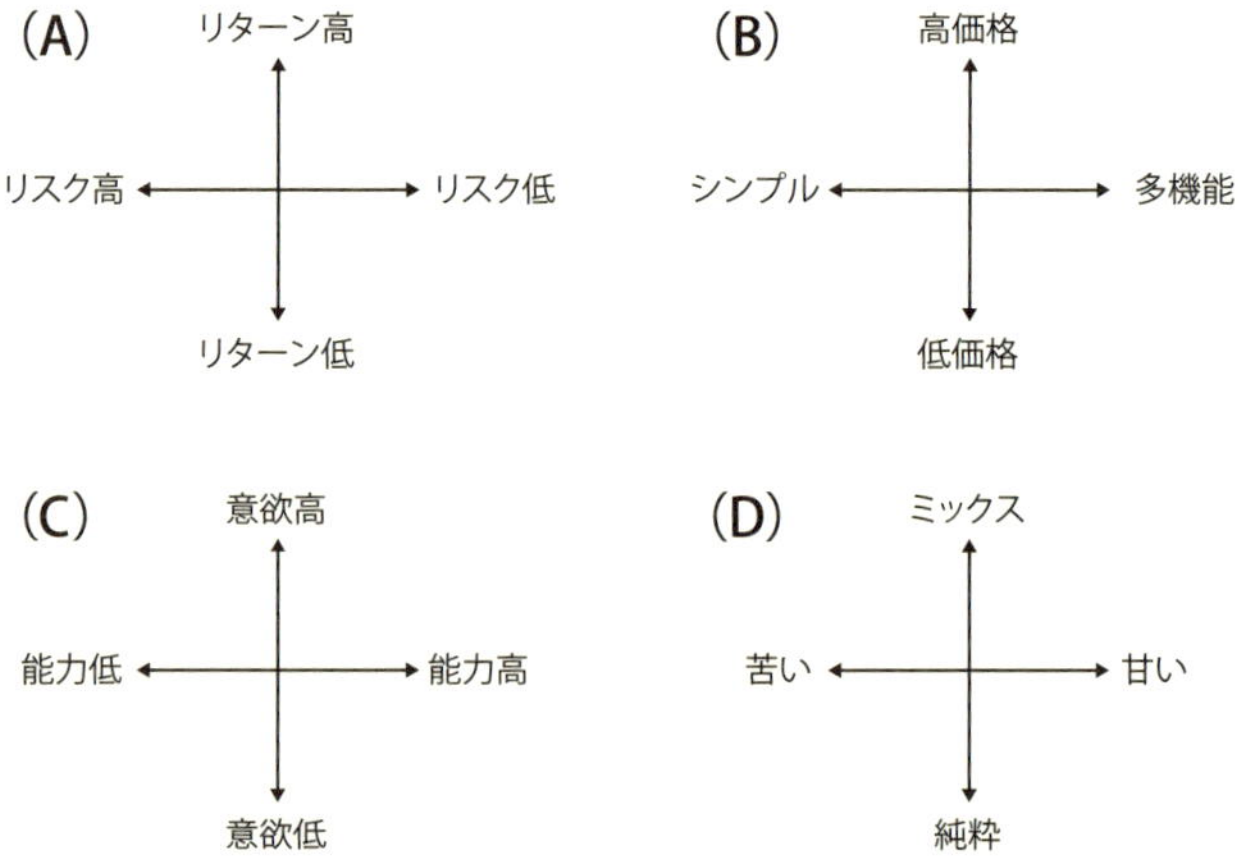

□ 何に使える？ マトリックスの用例

（A）は、金融商品や具体的な打ち手（方策・対策）の判断に使えそうだ。
（B）は、携帯電話や電気製品などが思い浮かぶ。
（C）は、人材配置の時に使える。
（D）は、チョコレートのマーケティングだろうか。

マトリックスの用例はさまざまあるが、それはタテ・ヨコ軸が自由に設定できる点が大きい。それだけにマトリックスの成否は、何を軸に置くかにかかっている。

このようなマトリックスを見て、具体的な「軸」が思いつくようなら、会議やプレゼンなどの場で進行中の議論が視覚化でき、すぐに考えを整理ができる。思考力の高い人は、素早く軸を設定して対象となる要素をポジショニングすることができている。

演繹法と帰納法は結論を導く推論の基本

前の章までは、論理的思考全体から見るとベースとなるMECEや、情報を整理・分析するのに有効なツールであるマトリックスなどついて見てきた。

この章では、それらのスキルやツールで整理・分析した要素から、どのようにして結論を導き出すか、そのやり方を学んでいこう。

論理を展開し結論にいたる方法の基本中の基本が「演繹法」と「帰納法」だ。この2つの方法は、言葉だけ見ると難しそうな感じがするが、実は私たちが普段何気なく使っている日常的な思考法なのだ。

知っている人も多いだろうが、ここでもう一度2つの方法をおさらいしておこう。

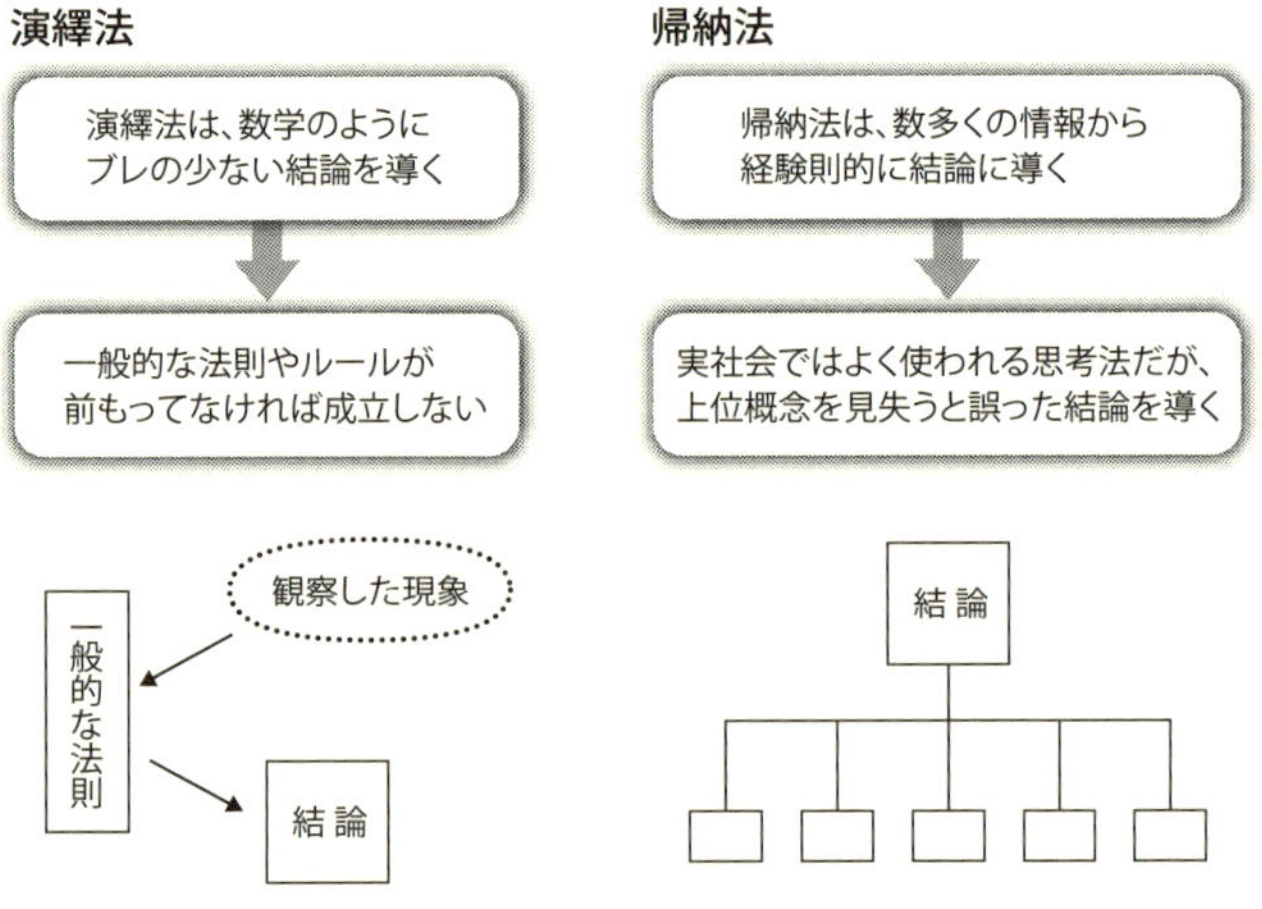
演繹法
演繹法は、数学のように
ブレの少ない結論を導く
一般的な法則やルールが
前もってなければ成立しない
観察した現象
一般的な法則
結論
帰納法
帰納法は、数多くの情報から
経験則的に結論に導く
実社会ではよく使われる思考法だが、
上位概念を見失うと誤った結論を導く
結論

□ どこが違う？ 演繹法と帰納法

1　一般論を元に個別の結論を出す演繹法

演繹（的思考）法は、よく知られている事実を元に結論を引き出すやり方である。言い換えれば、一般論から個別のことを結論づける方法だ。いわゆる「三段論法」のことで、等式にすると、①A＝B→②C＝B→③C＝Aとなる。

演繹法は、三段論法だと言われてピンとこない人もいるだろう。最近では聞きなれない言葉かもしれない。なにせ元をたどればアリストテレスにまでさかのぼる話だ。

「大前提」→「小前提」→「結論」という①ホップ・②ステップ・③ジャンプで結論に飛んでいく。それぞれが３つの命題であり、次のように構成されている。

大前提　一般的な原理や原則（A＝B）
小前提　目の前にある事実（C＝B）
結　論　目の前にある事実を大前提に照らすと「こうなる」という結論（C＝A）

「世の中によくある原理や法則に対して、観察したことや気づいたことを照らし合わせる」ことだ。

例えば、こういうことだ。

大前提　優秀な営業マン（A）はコミュニケーション能力が高い（B）
小前提　新入社員の中川君（C）はコミュニケーション能力が平均以上だ（B）
結　論　きっと中川君（C）は優秀な営業（A）になるだろう

営業職はコミュニケーション能力が問われることは言うまでもない。寡黙だと言われる成績のいい営業も言葉数が多くないだけで、顧客のちょっとした反応を敏感に感じとれるなど、広い意味でのコミュニケーション能力が高い。そう考えると、この大前提は一般的に正しいと言える。

この点を踏まえて、新しく入社した中川君の行動を観察していると、あいさつはきちんとするし、誠実に受け答えもする。さらには相手の話にうまく合わせるなど実に気持ちよく人と接している。

「これはコミュニケーション能力が高そうだ」
「よし、配属は本人の希望でもある営業部にしよう」と結論を出し、意思決定する。このような展開が演繹法である。

ビジネスの現場で使う演繹的思考

演繹的思考については、さらに次のストーリーから考えてみよう。

「顧客に、驚きによる喜びをもたらす」をコンセプトとしているサプライズ社が、ここ数年は低迷を続けている。かつては、新製品が出るごとに話題を呼び、新しいマーケットを創出していたが、今は新製品に新鮮さが影をひそめている。

サプライズ社内を見ると、製品企画の人間たちは、「自分がほしいものを創れ」という創業者の精神にのっとって、斬新な商品を開発しているつもりだったが、いつの間にか陳腐化したアイデアしか出なくなっていることに気づかなくなっていた。巨大企業となったため、いつしかベンチャー精神をどこかに置いてきてしまったようだ。

では、サプライズ社を復活させるにはどうすればいいのか？　ここでは演繹的思考の練習のため、極端に単純化して考えてみたい。

演繹法の三段論法に読み替えてみよう。

大前提　本質的な強みを活かすことが企業の継続的な業績を生む

小前提　サプライズ社は強みであるベンチャー精神を失い、形式だけのコンセプトをなぞっているようだ

結　論　本質的な強みであるベンチャー精神を取り戻し、サプライズ社がコンセプトを忠実に実現すれば業績は改善するはずだ

というようなことが言えるだろう。

演繹的思考の場合、大前提に即して思考を展開するため結論は方向づけられる。言い換えるならば、大前提が定める「法則」を観察した事実に当てはめるので、自動的に結論が出やすい。もちろん、この結論は「仮説」である。実際のビジネスでは、この仮説を裏づけるために検証の段階に入らなくてはならない。

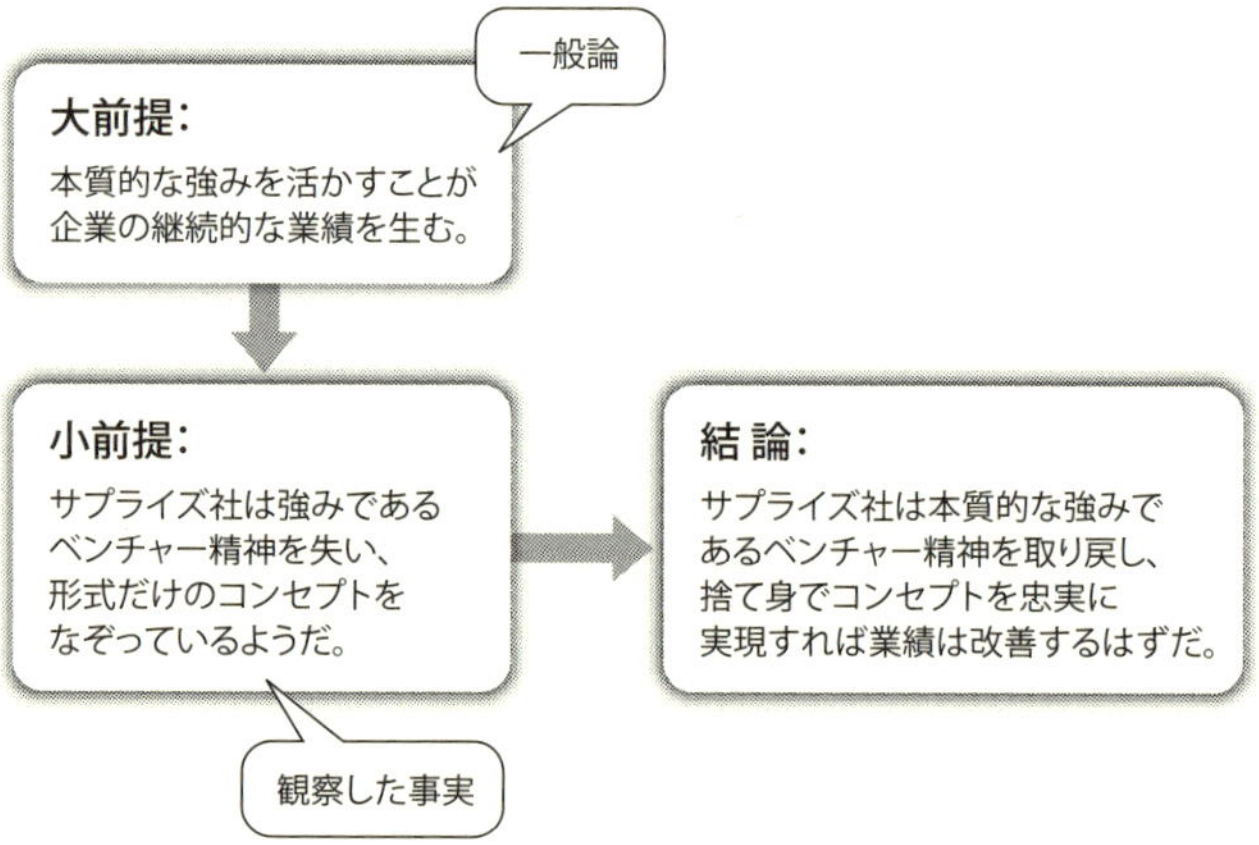

□ サプライズ社の復活策を演繹法で考える

演繹法で「大前提」となるのは、次のようなものである。

●経験的にほとんどの人が正しいと考えていること
●社会の不文律
●社会科学的な法則
●法律などの規則
●自然科学の理論

演繹法でポイントとなるのは、「この大前提がいつも正しくなければならない」こと、そして「大前提が頭に仕込まれていなければ、必要な時に演繹的思考は働かない」ということになる。まずは、大前提をどう置くか考えることが必要だ。

2 観察した複数の事例を元に結論を出す帰納法

一方、帰納（的思考）法は、複数の個別の事実から一般論を導くやり方だ。たくさんある事柄から結論を1つに絞っていくようなイメージと考えればいい。

演繹法に比べると、帰納法の方がやさしいように思える。なぜなら、複数のデータがあって、そこから結論を出せばいいからだ。

ところが、実際にやってみると、これが意外と難しい。なぜなら、演繹法は正しいと思われる原理や法則が大前提としてあり、個別の事実もその法則に準じている（前の等式ではA、Cに共通のB）ので、ほぼ間違いなく結論が出る。それと対照的に、帰納法は個別の事実＝データがあるだけで、そこから導く結論である原理・法則の確かさは、読み解く人次第で変わってくる。つまり、結論が正しいかどうかの保証がないのだ。

帰納法の最大ポイントは、ランダムなモノゴトから「意味」を読み取ること自体にある。その読み取り方が論理的であるか否かは、それだけにかかっていると言っていいほどだ。帰納法を学ぶとは、この意味の取り方のポイントを学ぶことと同じなのだ。

帰納法では目的意識がなければ結論を導けない

私たちは、1つの情報や事例だけではあまり結論を出さない。結論を出す時には、たいてい複数の情報があって、それらを元に「こういうことなんだ」と思い至る。つまりいくつかの出来事の関連性に気づいて、「これが言える」と結論づけるわけだ。たくさんある断片的な情報の中からなんらかの意味のつながりを発見し、それを元にある結論を出している。

例えば次のような情報があるとする。

●ガソリン価格が上がり続けている　↓ガソリンを節約する
●物価も上がっている　↓買い控えする
●平均給与は上がらない　↓お金を節約する
●所得格差は広がっている　↓収入増や貯蓄の努力をする
●地球温暖化は危機的な状況である　↓CO_2を減らす工夫をする

このような現象を見て、自動車メーカーの人ならどう考えるだろうか。大排気量のセダンやスポーツカーをどんどん開発しようと結論づけることはないに違いない。低燃費で低価格、しかも有害物質の排気を最小限に抑えた自動車の開発に向かうはずだ。

帰納的思考は、集めた情報から「何が言えるか」を導くのである。一見なんの脈絡もない情報が散乱しているところで、意味づけをして結論を導くには、必要な情報だけを通過させる何らかのフィルターがなければならない。そうした思考を働かせる元になるのが「目的意識」である。この「目的意識」が、情報を選択するセンサーの基準、つまり「こういう目的なら、こうあるべきだ」という結論をつくり出すのだ。

先程と同じ情報を集めても、地方自治体の都市交通の担当者であれば、自家用車による移動を前提にした道路整備ではなく、公共バスや電車、または自転車の使用が促進されるような都市開発計画を立てるかもしれない。

何のために情報を集めようとしているのか、常に意識することが重要なのだ。帰納的思考を使う時は、問題解決を求められているケースが多い。たくさんの情報が入手できる場合、もっとも重要な問題を解決するために必要な情報を選ぶことが大切だ。そこには「目的意識」というフィルターが必要になる。

最終的な結論は自動的に出てくるわけではない。データはあくまでもデータであって、そこから何を読み取りどのような結論を出すかは、考える「あなた次第」ということだ。

3 「仮説思考」は演繹法と帰納法の両刀使い

同じデータを目の前にしても、人によって読み取ることが異なるのは、人それぞれの目的が違うからだ。興味や関心のバイアスがかかると言ってもいい。だから「帰納法」の思考は、一足飛びに「意思決定」に行ってはいけない。まずは「観察した事実から何が言えるのか」を整理することだ。

「観察した事実から言えること」も必ずしも確実ではない。それはまだ仮の説、「仮説」にすぎない。それを確かな説にしなければならない。そのためにビジネスの現場では常に「仮説」から「検証」を繰り返す、「仮説思考」と呼ぶ手法を頻繁に使う。

確証がない仮説の段階で、いきなり動くのは危険だ。「それ実行だ！」といきなり取りかかってみたら、予想外の事実が次から次へと現われて撤退を余儀なくされることもある。だから時間や体力の許す限り検証を続けるべきだ。

「確からしいことを証明していくこと」が「仮説検証」である。つまり、仮説に基づいて情報収集を行い、試してみて、修正し、再度実行する。

仮説検証では、

①状況を観察する

・注目すべき事実に気づく

・それがいくつもあることがわかる

②仮説を立てる

・複数の事実をグルーピングして意味づけを行う

・その段階で結論を出す

③仮説を検証する

・一般論と照らし合せてみる

・もっと調査して目的に合致して正しいかどうかを確かめる

上記の①から③を繰り返して行う。「PDCA（Plan・Do・Check・Action）」である。「①状況を観察する」では、帰納的思考を使うのが一般的だ。複数のサンプルや観察事例から結論として②の仮説を立てる。②の仮説が正しいかどうかを確認するのが③の目的なので、はじめの仮説を立てた時よりも多くの情報量が必要となる。

「競合会社のB社がこんな動きを見せている。たぶんこうする場合はこういうことを狙っているはずだ。よし、もっと情報を集めてみよう」

街を歩いていてふと気づいたことから、①ひょっとして「これが今、流行り始めているのかもしれない」というモノゴトの兆候をつかみ、②それが商売のネタになることかもしれないと興味がわく。③それが「イケル」のかどうか調べてみる気になる。

ビジネスマンであれば、こうした仮説検証の経験が一度や二度あるはずである。

これまで説明してきたことを1つのストーリーにまとめてみた。

榎本さんは、このところの残業のせいか首や肩こりがひどい。先日タクシーに乗った時に、ドライバーが腰痛や肩こりにお風呂の半身浴がいいと教えてくれた。それで半身浴をするようになったおかげか、首の痛みもだいぶやわらいできた。

ただ、毎日長時間お風呂に入っていると、何もしないで湯船に浸かっていることが退屈になった。そこで新聞や雑誌を読んでみたが、湿気でヨレヨレになってしまって具合が悪い。部屋のテレビの音を少し大きくしてお風呂の戸を開けて聞こえるようにしたのだが、それも映像が見えないのですぐつまらなくなった。

「お風呂にテレビがあればいいなあ」と「浴用テレビ」をネット検索したのだが、なかなかこれといったものがない。掲示板を見ていると「浴用テレビのいいのをメーカーさん早くつくってください」などの書き込みをいくつか見つけた。

「そうか、まだ市場にはいいお風呂テレビがないんだな」と思った瞬間、ひらめいた。

「どうして早く気づかなかったのだろう。会社でつくってみよう」

こうして榎本さんは「お風呂テレビ」を制作する。これがなかなかの優れもので、この噂を聞きつけた社員が何人も「私にもつくってください」とリクエストしてきた。

「それなら」と製品化調査をやることになり、翌年、店頭にモニター品を並べてみたところ、爆発的な売れ行きを見せることになった。


このケースでは、前半部分の仮説思考に演繹法が使われている。

一般論　「ドライバーが腰痛や肩こりにお風呂の半身浴がいいと言っていた」
事　実　「榎本さんは最近残業が多く、首や肩こりがひどい」
結　論　「半身浴をすれば首や肩こりがよくなるだろう」

一方、「お風呂テレビ」を開発した部分は帰納法を用いて結論を出している。ストーリーを追いかけていくと次のようになる。

①半身浴は腰痛などに効く
②長湯しなければならない
③長時間なにもしないのは退屈だ
④新聞や雑誌など紙類は湿気でダメ
⑤音だけでなく、映像も欲しい
⑥それなら防水の小型テレビだ
⑦しかしお風呂テレビは市場によいものが見当たらない
⑧ニーズもありそうだ
⑨では試しに開発してみよう

①〜⑤までの事実や情報を元に⑥の結論、さらに⑦と⑧を元に⑨の結論を出している。

このように仮説思考を実践する場面では、さまざまなスキルを合わせて使うことが求められる。

実際のビジネスの場で、導かれた仮説が正しいかどうか確かめるのに、いちばんいいのは、実は周囲（顧客）の意見を聞き、検証のための情報を集めることだ。方法としては、「インタビューシート」を作成し、同じ質問内容を対象者全員に聞いてみる。仮説が正しければ、たいていは想定している範囲の意見が聞かれることが多い。

先程の例題であれば、お風呂テレビをほしがる人が自分の周囲に何名もいるということは、市場でヒットする、少なくとも可能性はある。この仮説を検証するために、もっと広く意見や感想を集めることになるだろう。

第6章

課題を具体化する「ロジックツリー」を使いこなす

1 ロジックツリーとは？

ロジックツリー（Logic Tree）も、目に見えない思考のプロセスを構造化して見せるための技術の1つだ。

演繹的思考や帰納的思考が「結論を出す」思考法であるのに対して、ロジックツリーは、「具体化のためのスキル」である。限られた時間の中で効率的に問題の原因を掘り起こす、あるいは解決策を具体化したい時に役立つ。

主要な課題の原因や解決策を全体最適にとらえ、MECEに分解・整理する。その名の通り「論理を展開した形」が「樹」に似ていることから「ロジックツリー」と名づけられた。たいていは「樹」が横になっていて、左に位置するトップに置いた「テーマ」から右へと図を展開する形になる。

ただし、ロジックツリーは、原因や方法を具体化するための技術であって、モノゴトの結論を導くものではないことを認識しておこう。

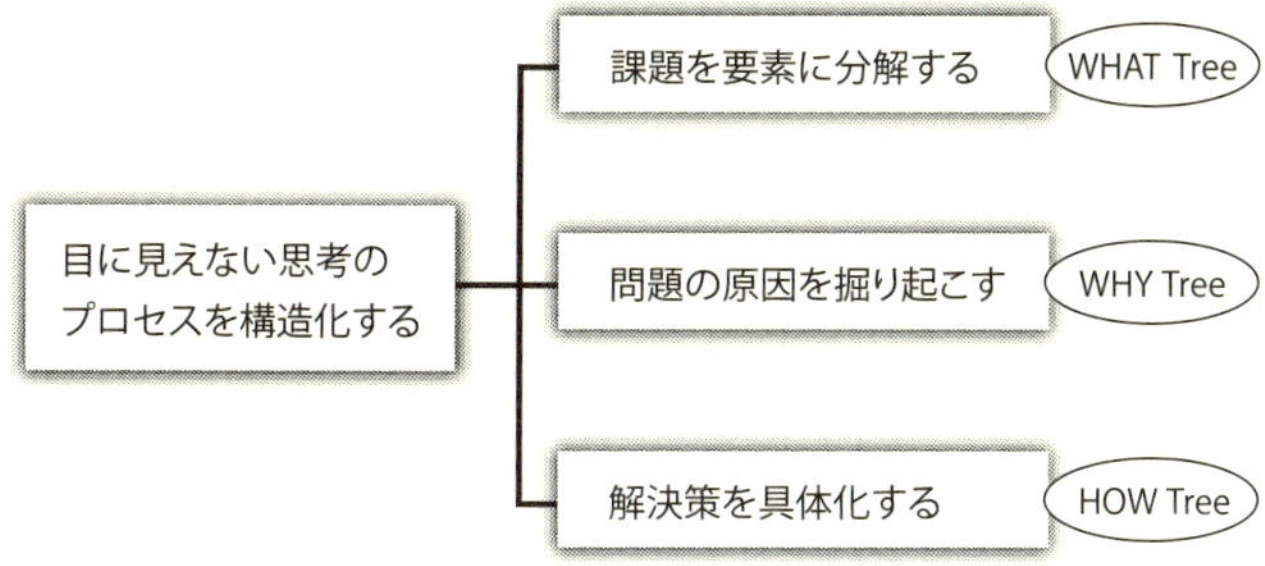

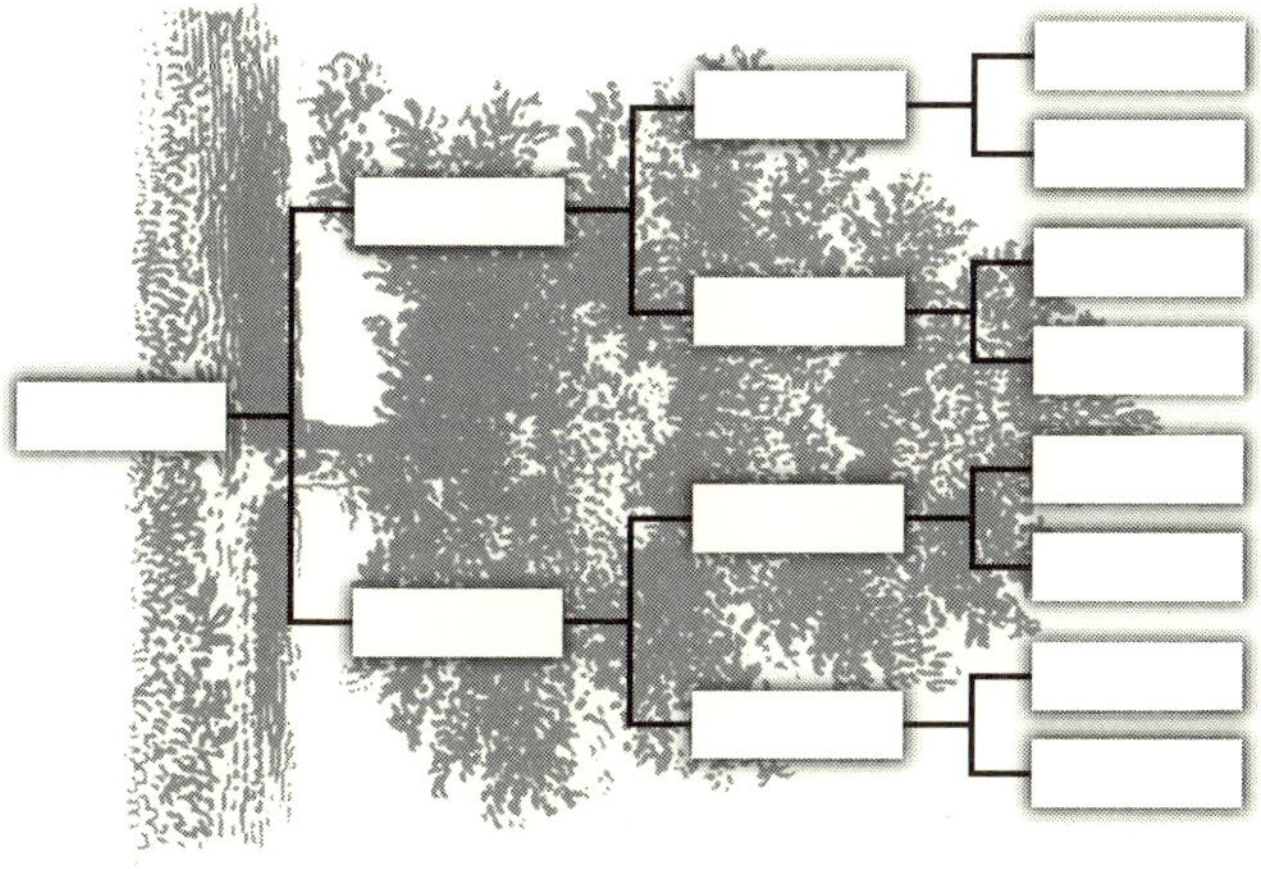

□ ロジックツリーの使いわけ

注意すべき点は、以下の2点となる

●各自の要素は、事実を元に出てくるものではないので、推論してつくり上げる

●したがって展開した要素が正しいかどうかを常にチェックする必要がある

以上のことを注意すれば、

●テーマを具体的なレベルまで落としこめるので、効果的な実行策が立てられる

●MECEによって、ムダな要素を排除でき、また見落としがなくなる

●それぞれの要素の関係（因果関係など）が構造的に明らかになる

などのメリットがあり、とても便利なツールである。

ロジックツリーは、いちばん左にテーマを置いて、右へと枝が広がるように展開される。第1階層から第2階層と進むにしたがってだんだん抽象的なことから具体的なことに落とし込んでいく。左図では第3階層までで止めているが、必要あるだけ階層を増やし、具体化していくことができる。

階層は2から5くらいが適当だが、枝によっては第2階層あたりで成長が止まることもある。全部が同じ長さにならなくても気にする必要はない。

第1階層の「A」をさらに第2階層では「A′1」と「A′2」というようにMECEに分解する。以下の階層も同じようにしていく。

ロジックツリーを初めてつくる時、難しいのは、第1階層の設定だ。

まさにテーマとなる課題の〝全体（かたまり）〟をモレなくダブリなく切り分けたところであって、ロジックツリーがうまくいくかどうかは、第1階層を〝MECEな構造〟にできるかどうかにかかっている。

ただ、実際には、具体的なレベルまで書き込んでいってから、後でモレに気づくこともあり、書き直すことはよくある。何度も書き直すつもりでリラックスしてスケッチのように思いつくまま書いてみることだ。

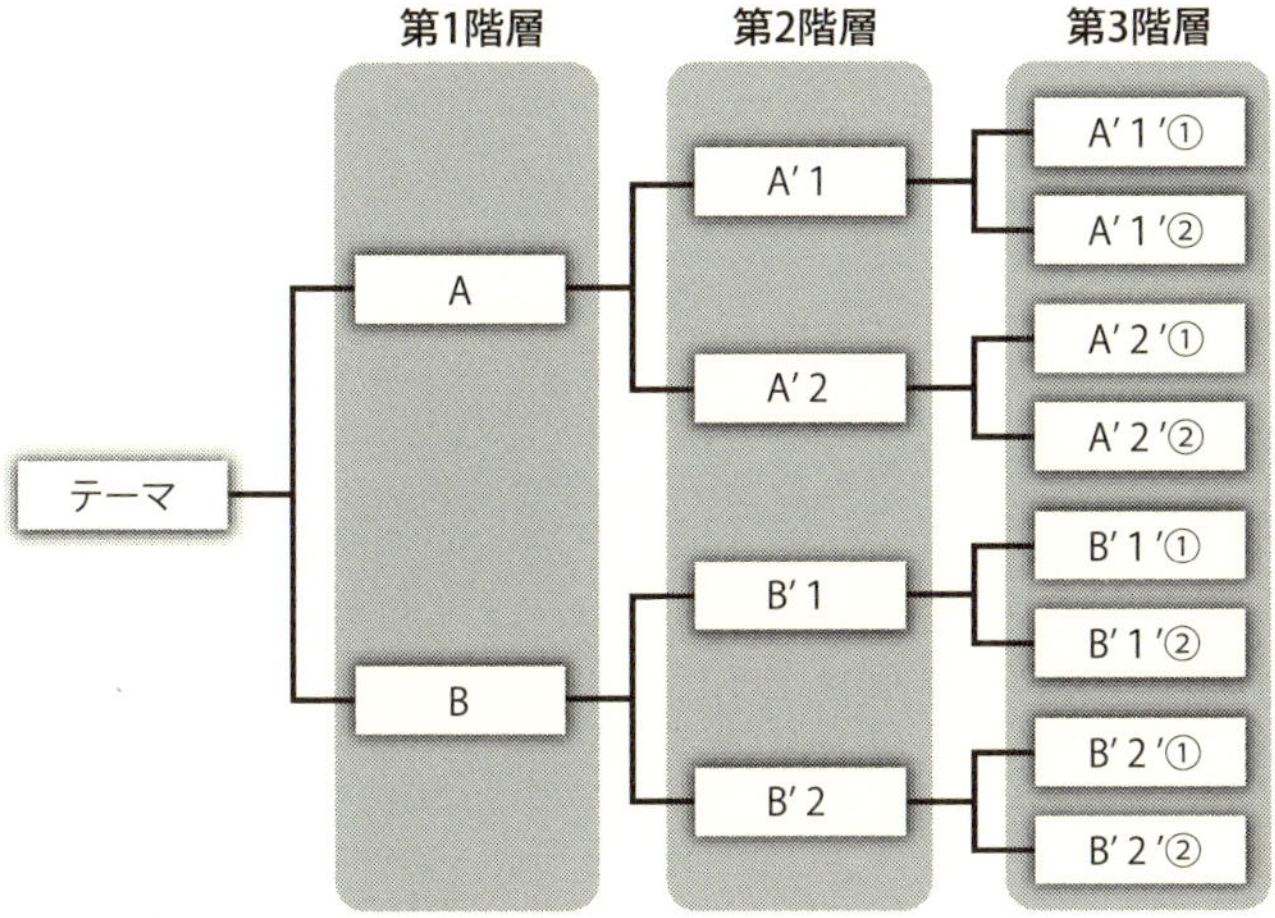

□ ロジックツリーの仕組み

ロジックツリーは一般的に具体化するテーマによって次の3つに分けられる。

●課題を具体化するためのＷＨＡＴツリー
●原因を究明するためのＷＨＹツリー
●実行策を具対化するためのＨＯＷツリー

これらについて1つずつ考えてみよう。

2 課題を分析するWHATツリー

WHATツリーは「何を？」「何がどうなっている？」という課題分析に使う。テーマとなる課題の要素はいったい何なのかを構造的に表したものである。

では、どのようにつくったらよいのか数年前に大ヒットしたフライパンを例にとって解説してみよう。

【例題】「魔法のフライパン」はなぜヒットしたのか考える

数年前に魔法のフライパンが有名になったことがあった。今でも買い求めるのに2年待ちとか3年待ちと言われている。なぜそんなに人気があるのか？　消費者はフライパンに何を求めているのか？

スーパーに行けば数千円で素人には十分なものが手に入るのに、数年間も待ち、一万円をフライパンに支払うのは、どんな価値があるからなのだろうか？ WHATツリーを書いてみよう。

まずは思いつくまま消費者の気持ちになって、どんなフライパンが欲しいか第1階層に書いてみる。テフロン加工のものが売れるのは「こげつかない」ことを求めているからだろう。それとできれば「長持ちしてほしい」こともあるだろう。

2つの第1階層ができた（左ページの**STEP1**）。これで一般消費者の心をとらえるのに十分になっているだろうか？　問題はMECEになっているか、だ。

ここでキッチン用品としてどんなことが求められるかを多面的に考えなければならない。すると、デザイン性もあることに気がつく。そのもののデザインのほか、色や形など、他の調理器具などとの調和を考えて消費者はフライパンを選ぶだろう。

そこで、先ほどのツリーを修正して1つ加える（左の**STEP2**）。

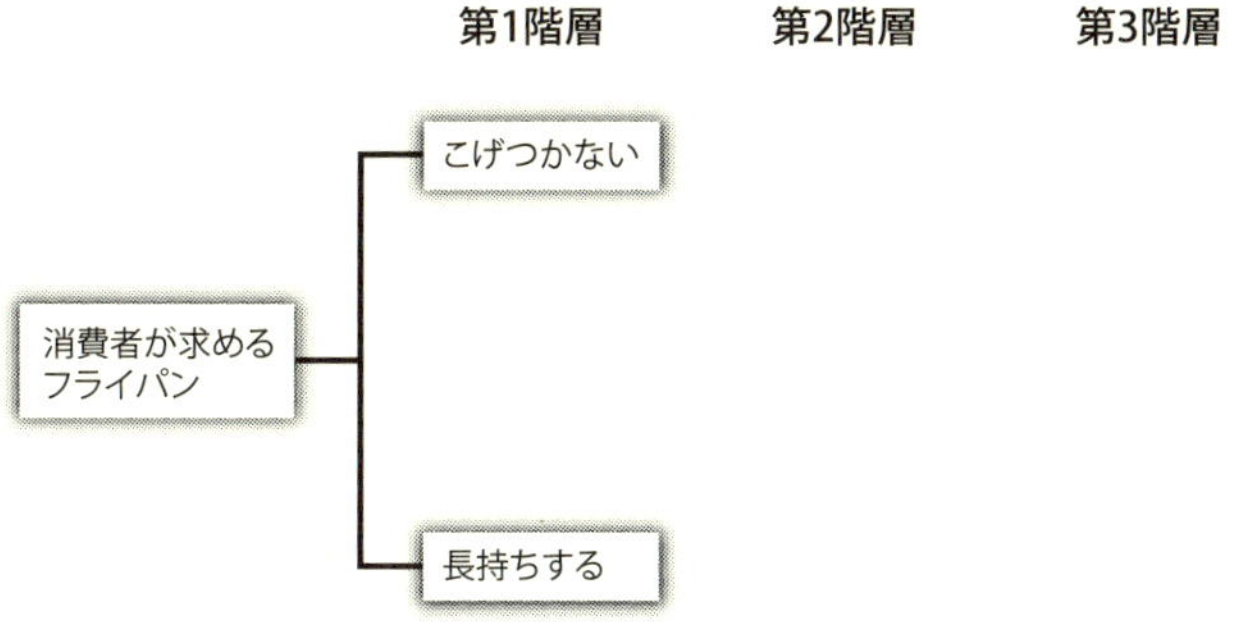

□ STEP1　第1階層をつくる

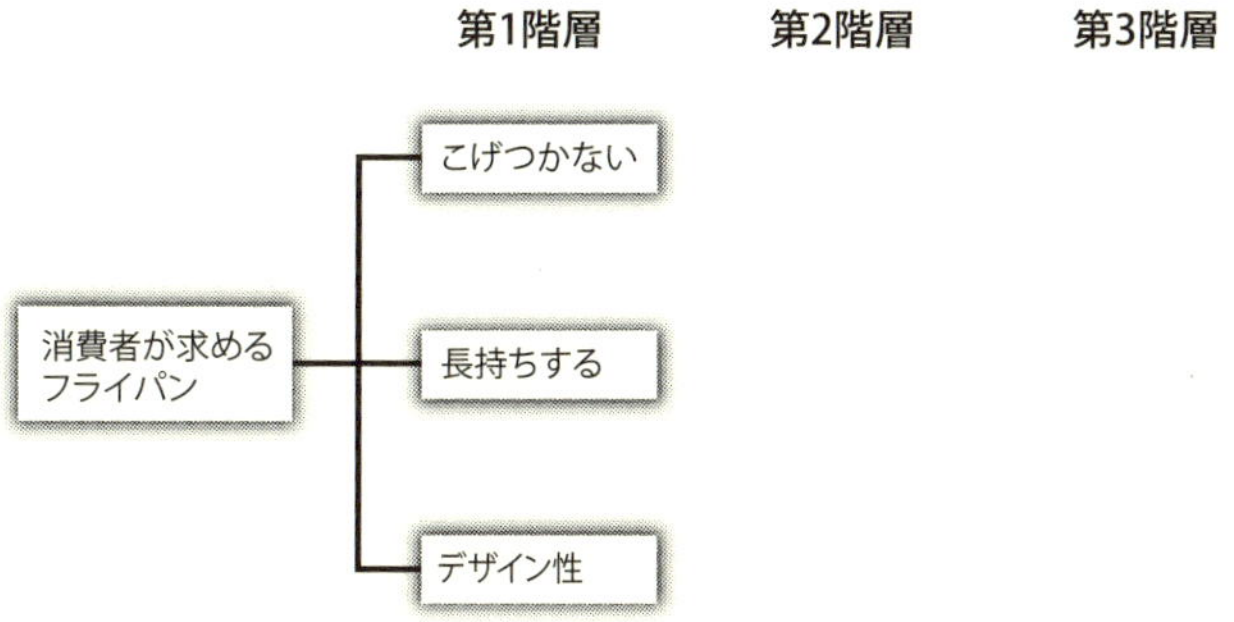

□ STEP2　MECEで第1階層を見直す

デザイン性が加わって、これで先程よりも網羅的になった。しかし、「デザイン性」という言葉は他の「こげつかない」や「長持ちする」と抽象度が同じだろうか？　「〜性」という少し大きな概念を表す言葉を使っている。

第1階層をMECEにするため、「こげつかない」は「機能性」、「長持ちする」は「経済性」として抽象度を同じにする（左ページの**STEP3**）。

ここで注意したいのは、同じ階層内での順番である。ロジックツリーのルールとして、重要度が高いものを上から順に並べることが大切だ。

この習慣を身につけておくと、例えば会議やプレゼンなどで説明時間が少ない場合、発表者が「上から3つだけ説明します」と言えば、説明を聞く側はこの図を見てポイントとなる要素がすぐにわかる。何かと便利だ。

最初の第1階層ができれば、ロジックツリーの50％強はできたも同然である。

次に第2階層に移るが、もちろん思いついたことはどんどんメモしておく。それらがどの階層に入りそうかの見当もつけておくとよい。

ロジックツリーを書く場合、ノートやレポート用紙にスケッチすることももちろんだが、同

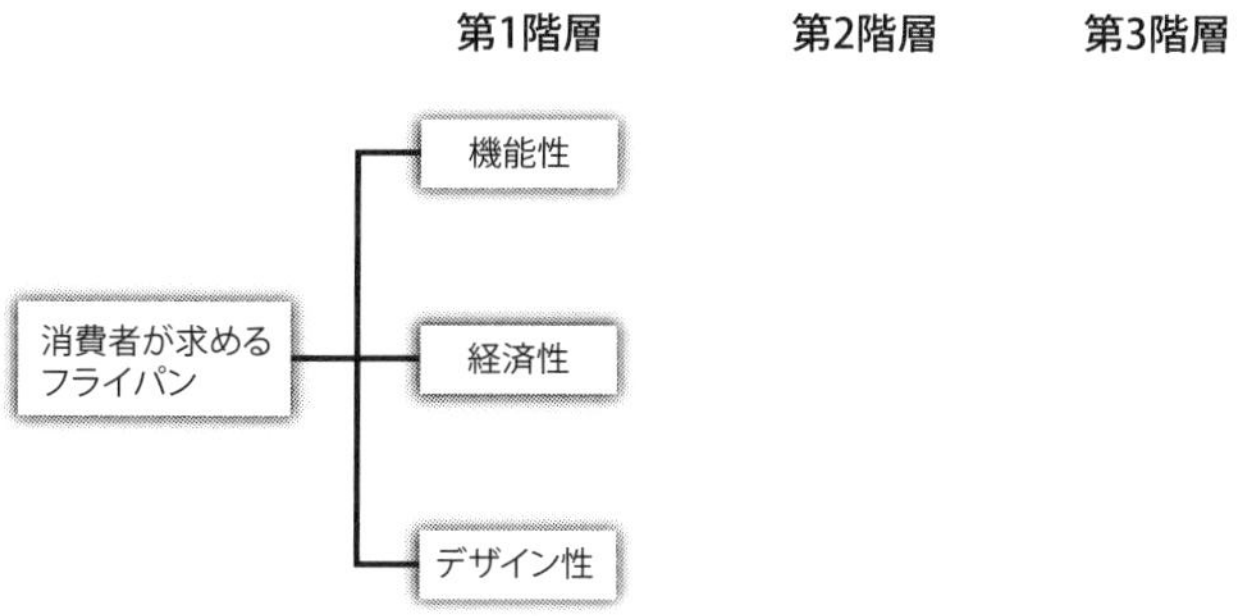

□ STEP3 第1階層の抽象度を合わせる

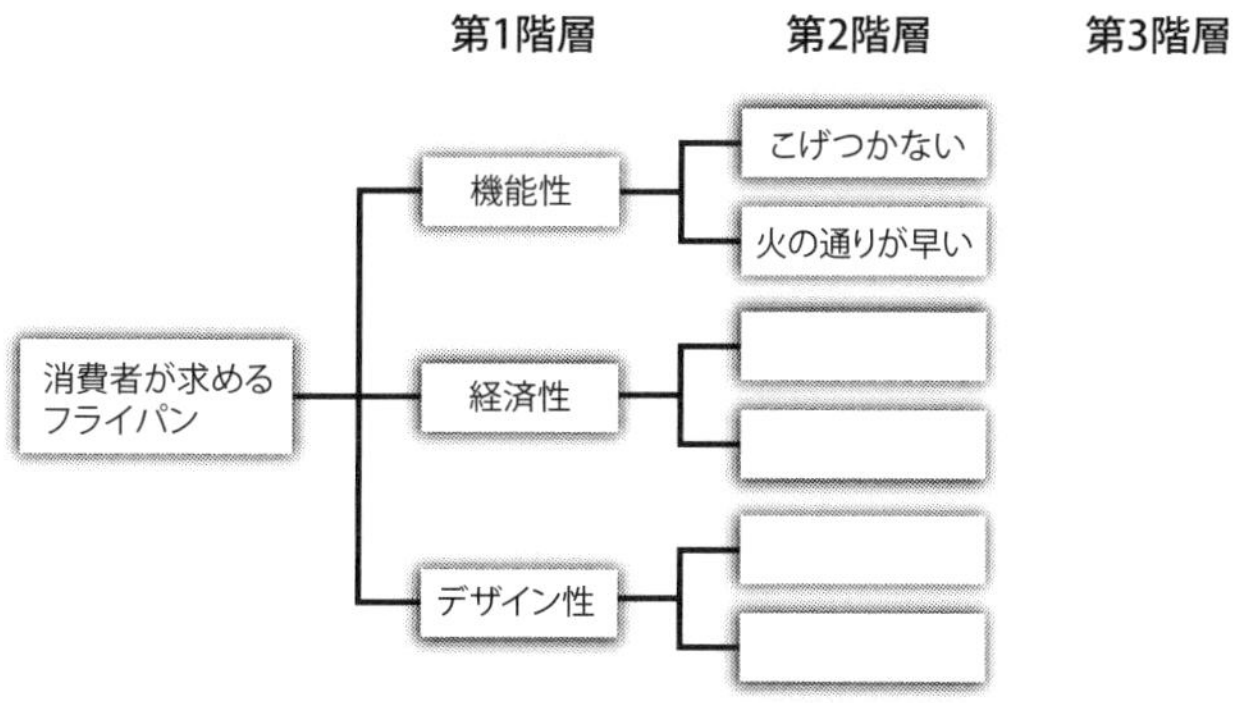

□ STEP4 第2階層を考える

時に付箋《ふせん》などの小さなカードを用意しておくと役立つ。思いついたアイデアをカードに書き、まずは適当な階層のところに置く。そして、あれこれと思考を巡らすごとに位置を置き変えるのだ。

第2階層は、第1階層を分解する（前ページの**STEP4**）。

第1階層の「機能性」「経済性」「デザイン性」……とは何？　という疑問に答えて書き込む。STEP4では、試しに「機能性」に対して、「こげつかない」と「火の通りが早い」を置いてみた。これでいいだろうか？

「こげつかない」とは何を言っているのかと言えば、「調理しやすい」ことである。「火の通りが早い」は「調理しやすい」ことだけでなく、エネルギーが少なくてすむのだから「経済性」とも言える。じっくり考えてみると、**STEP4**の置き方では間違っていることがわかる。

一方、「こげつかない」や「火の通りが早い」というのは目の前で〝観察できること〟なので、非常に具体性が高い。機能性をMECEにブレイクダウンし、網羅的にするためには、「こげつかない」や「火の通りが早い」といったレベルよりも、抽象度がもう少し高い要素を置いておいた方が、モレが起きにくいのではないかと思える。

……と考えると機能性の次に来るのは左の**STEP5**のようになる。

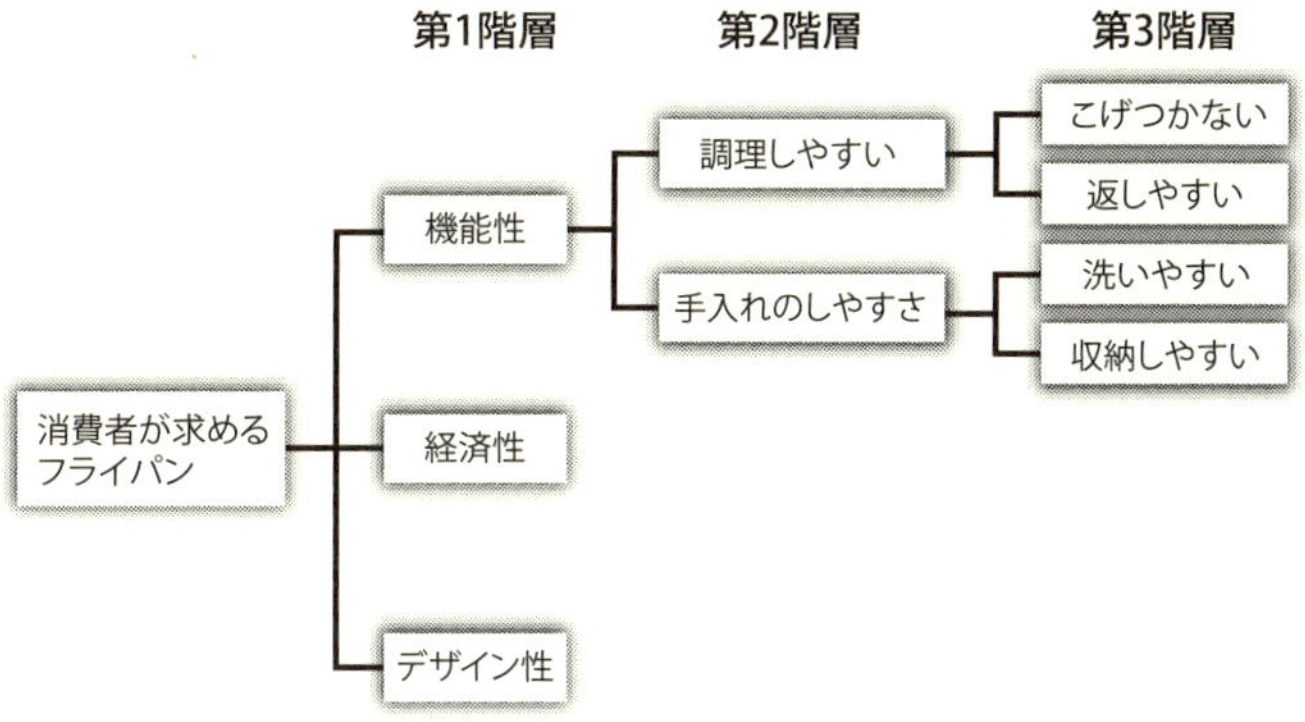

□ STEP5 第2階層の抽象度を考える

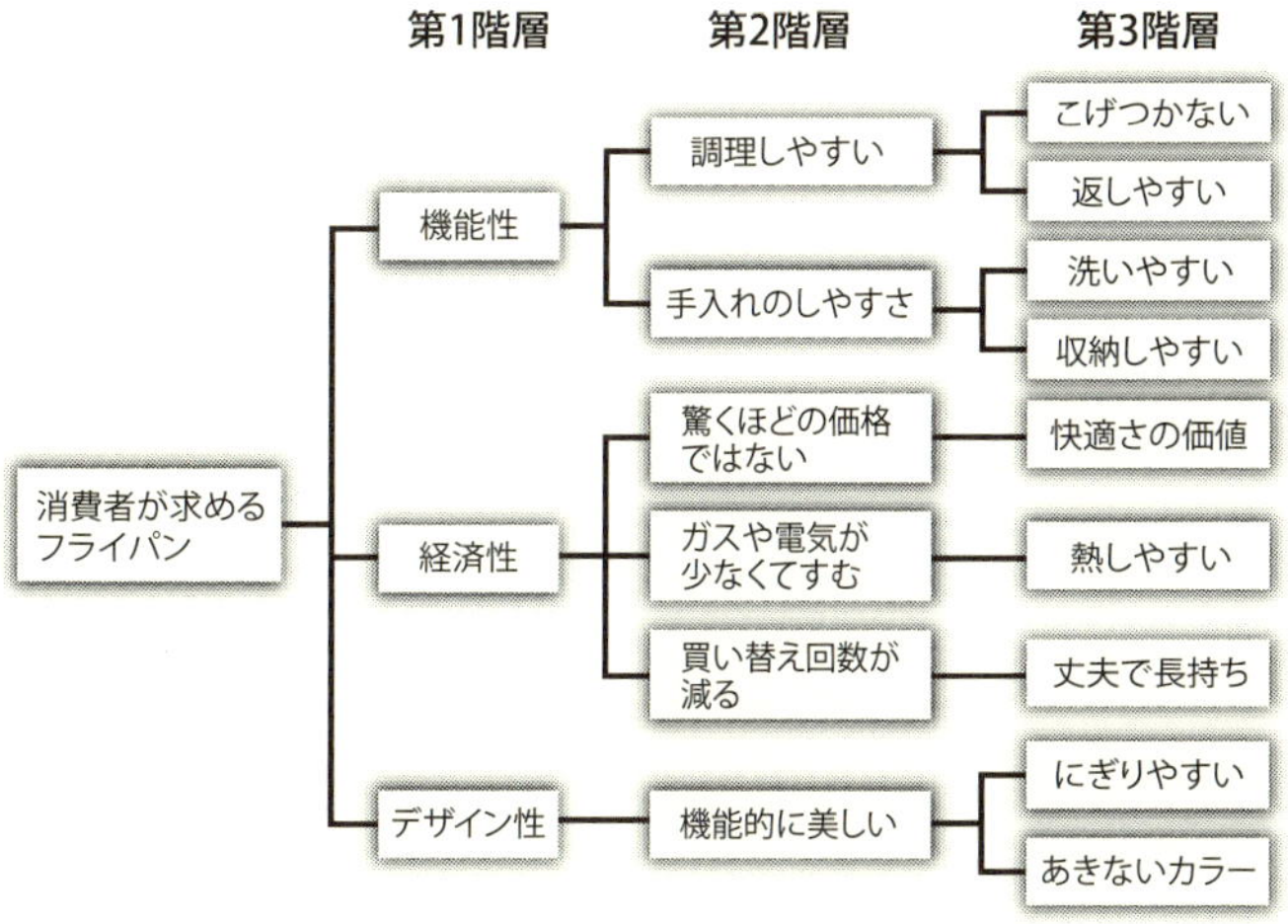

□ STEP6 第3階層を考える

階層をつくる際、抽象度は段階的になるようにし、飛びをなくすことが必要だ。「飛び」とは論理が飛躍することである。

フライパンの機能性と言えば、調理しやすいことだ。それと後始末のしやすさもあるだろう。同様にして「経済性」や「デザイン性」についても考えてみてほしい。どのように展開するだろうか。

前ページのSTEP6は、私が考えた第3階層までの展開だ。実は、この先の第4階層まで書くことができる。なぜなら、「こげつかない」とは何のことかなど、ブレイクダウンすれば具体的に書けることがまだ残っているからだ。

仕事でロジックツリーを書く時には最終的に（書き込んだ要素を）実践できなければ意味がない。つまり具体的に「どこの何」とか「誰とか」というレベルまで落としこんでいく必要がある。したがってフライパンを開発する仕事でロジックツリーを使うとすれば、どんなフライパンを開発しなければならないかについて、サイズやデザイン・色はもとより材質など、すぐに製作にかかれるところまで突き詰めていかなければならない。第4階層まで考えると、回答は見つかるはずだ。それが左のSTEP7である。

●最終形

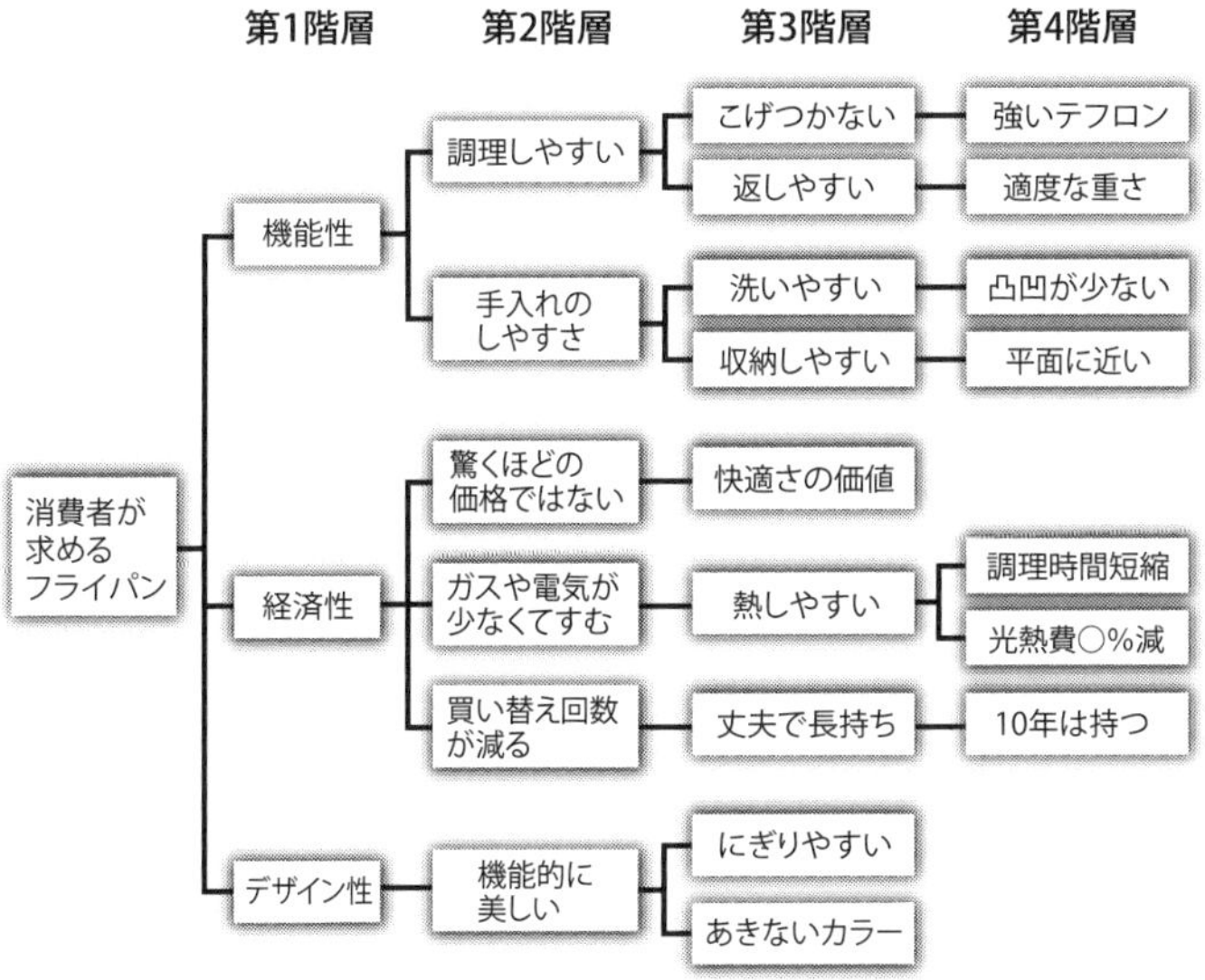

□ STEP7　第4階層を考える

3　深く原因を掘り下げるWHYツリー

ＷＨＹツリーは「なぜ？なぜ？」を繰り返して原因を具体的に究明していくスキルだ。有名な話だが、トヨタ自動車では、「なぜ？」を5回繰り返すことを社内で習慣化している。これでたいていの問題は解決できているというのだ。

「なぜそうなのか？」「どうしてそうなるのか？」と考えることは、クリティカルシンキング（批評的思考）であり、モノゴトを鵜呑みにして失敗しない秘訣でもある。

ＷＨＹツリーもＷＨＡＴツリーと構造はまったく同じである。ただ「問いかけ」の展開が異なるだけだ。例題でコツをつかんでみよう。

【例題】なぜ子どもは外で遊ばなくなったか考える

近頃では、子どもの外遊びの時間が極端に減っているようだ。毎日1時間に満たないらしい。このことには大きな弊害があって、子どもの運動能力が低下している大きな問題となっている。真っすぐに走れない子どもも増えているという。さらに、外遊びの家庭教師まで出現しているというのだから、時代の変化を感じる。

さて、課題は「運動能力が落ちている原因は何か?」である。

例によって、いくつかの現象から考えてみる。

●学習塾や習い事に時間を取られている

●テレビゲームなど家遊びの時間が増えている

視点を変えて、

●都会では家の近所に外遊びの場所がない

というのもある。

さらには、最近では子どもに対する犯罪も多いのでその予防という面もあるようだ。

●犯罪者を警戒し、親が子どもに外遊びをさせないなどが挙げられるだろう。

するとツリーとしては、まずは左ページの**STEP1**のようなものができる。きれいに整理されたのだが、「これで本当にいいのか」確かめることが必要だ。MECEかどうかである。

ここで知識と思考が問われる。最近の脳科学の研究で身体の活動が脳の発達にとって不可欠であることがわかる以前は、身体活動よりも頭脳活動を重視する風潮が社会にあった。この点を思いつけば、第1階層の項目が「外遊びをさせない要素」と「家遊びを促進する要素」という2つに分けられることに気がつく。

そこで、第1階層を「外遊びをさせない要素」と「家遊びを促進する要素」で大きく2つの軸に分けてみる。これら2つの軸でMECEになっているか考えてみる。

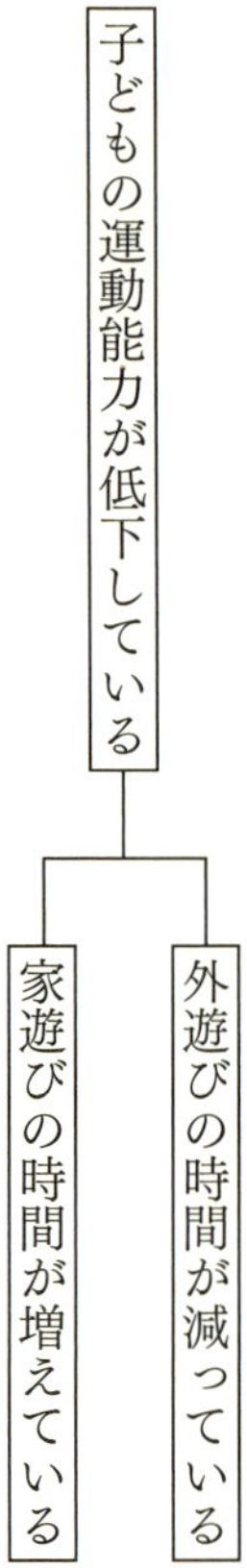
子どもの運動能力が低下している
外遊びの時間が減っている
家遊びの時間が増えている

ここでは「増↕減」の対立概念を使っている。

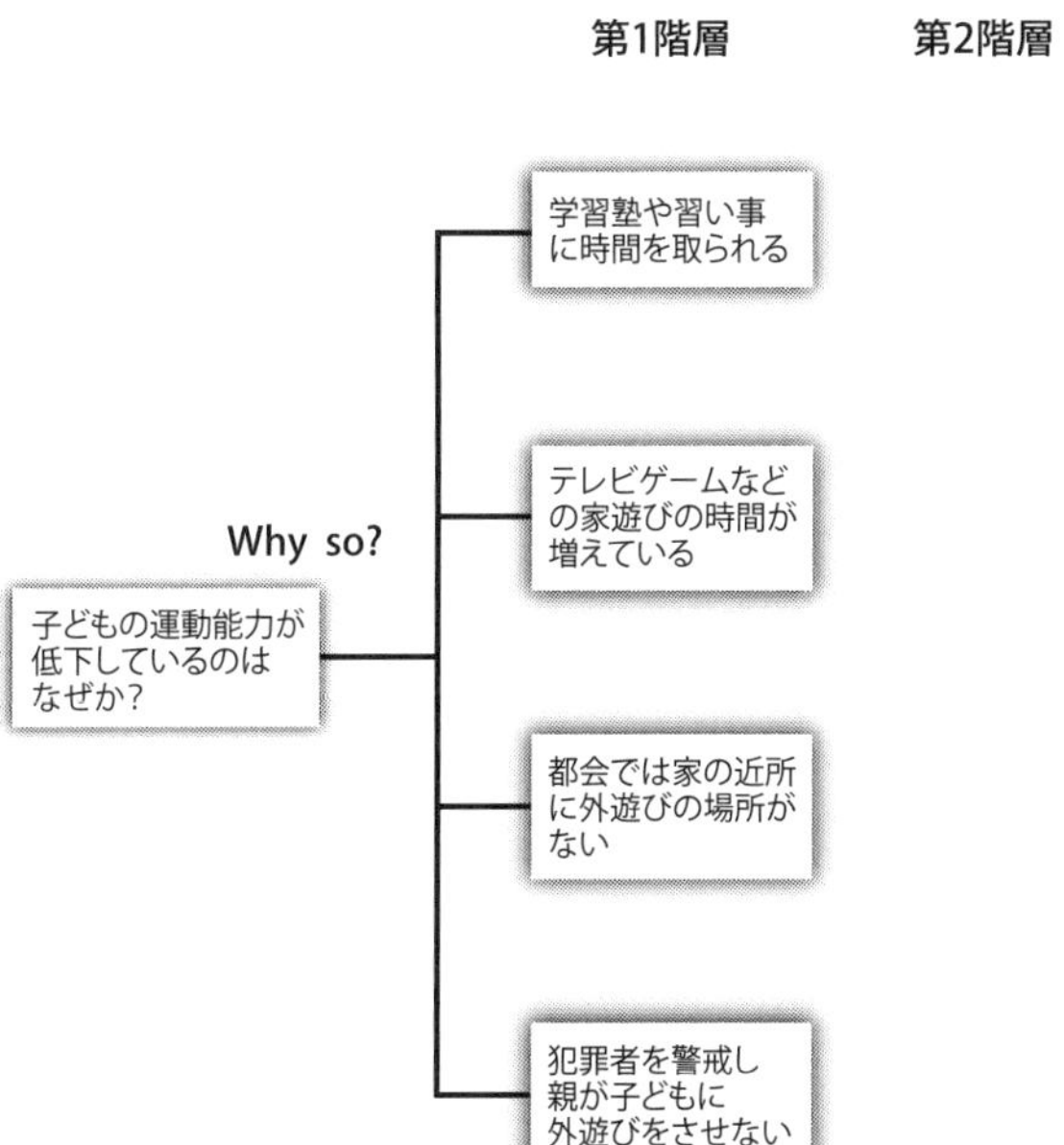

□ STEP1 第1階層に書き入れてみる

この2つの軸について「なんだそんなことか」と思われるかもしれないが、自分でいざやってみると意外と難しい。このケースでも第1階層をつくるには、その下の階層に入る具体的な事例や現象を先に考え、これらをまとめることで「外遊びの時間が減っている」ということを発見できた。こうした下の階層から上の階層をつくるということをやっていくうちに、だんだんと第1階層の要素に早く気づくようになっていく。

第1階層をはじめからきれいに設定することは難易度が高いので、これまでやってきたようにある程度書いてから、「それらをまとめると何が言えるのか」をチャンクアップ（抽象度を上げる）することのほうが現実的だ。

先ほど書いたロジックツリーを修正してみよう（左の**STEP2**）。

「外遊びの時間が減っている」の次の階層に、

●学習塾や習い事に時間を取られる
●犯罪者を警戒して親が子どもに外遊びをさせない
●都会では家の近所に外遊びの場所がない

という3つがぶら下がることになる。

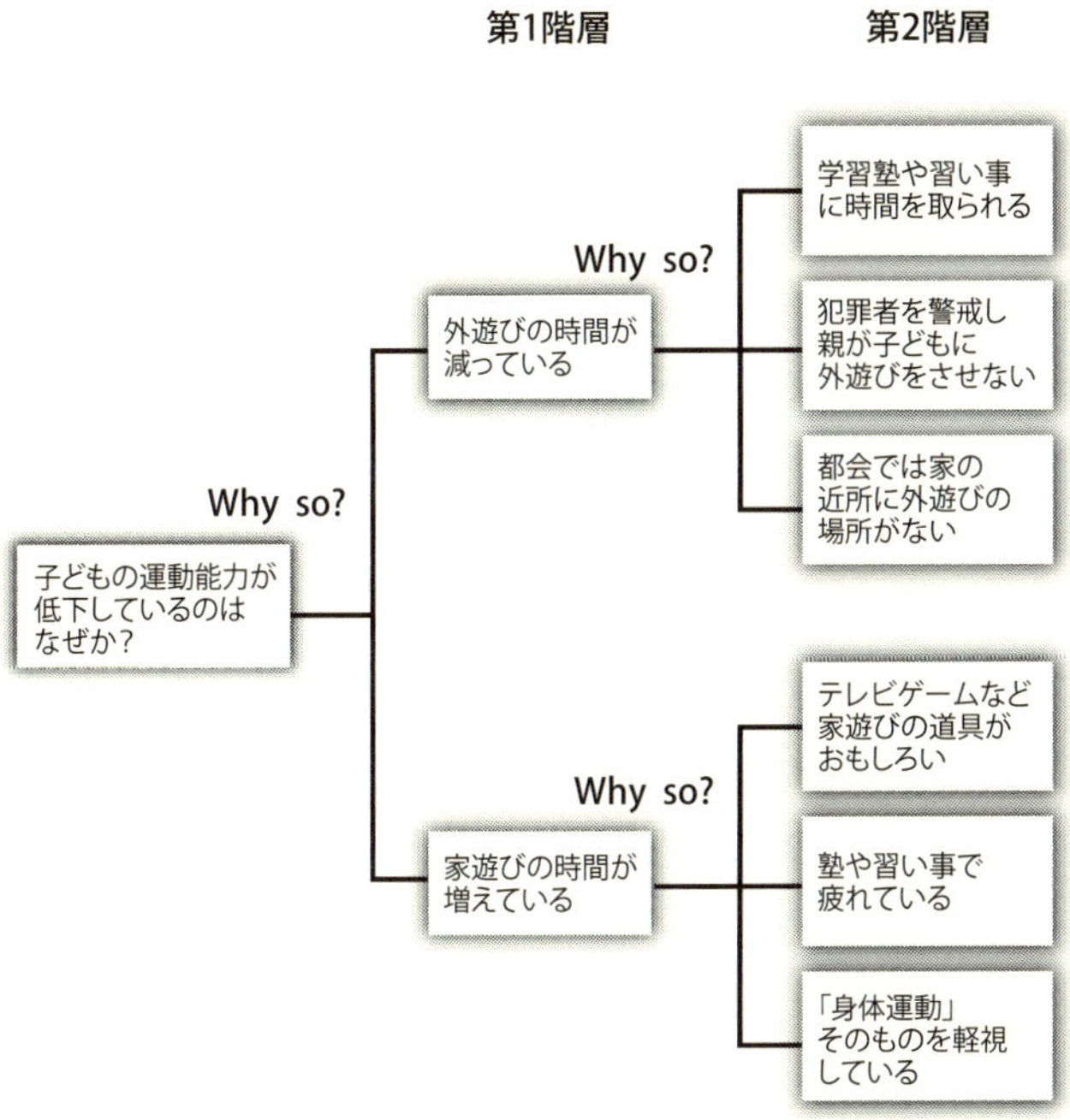

□ STEP2 チャンクアップで第1階層を考え直す

それらは次のようなことを意図したものだ。

●子ども本人の希望と親の教育的な配慮
●子どもの安全への配慮
●家の周囲の環境的な問題

このようにまとめてみると、上の2つの要素はほとんど「親の配慮」であり、3つ目は転居でもしない限り親の意思では変えられない環境要因になる。

さらに「それはなぜ？」と追及していくのだが、途中で何度も「何のために考えているのか」「考える目的は何か」を自分に問い直すことが重要だ。しばしば思考の深みに入っていって、迷路にはまり込んでしまうことがある。こうした時は、「上位概念」という〝上空〟に舞い上がって周囲を見回し、自分の進むべき方向と今いる位置を再確認することだ。

具体的には、この例題ならば「子どもの運動能力が低下しているのはなぜか？」を究明しようとしている。当然、原因がわかったら問題を解決しようとするはずだ。この最終的な問題解決策を頭においてロジックツリーをつくるべきなのである。

さて、続けて第3階層、第4階層と「なぜ？」とさらに質問を投げかけてみよう。「学習塾や習い事に時間を取られる」のは「なぜ？」という具合だ**（STEP3）**。

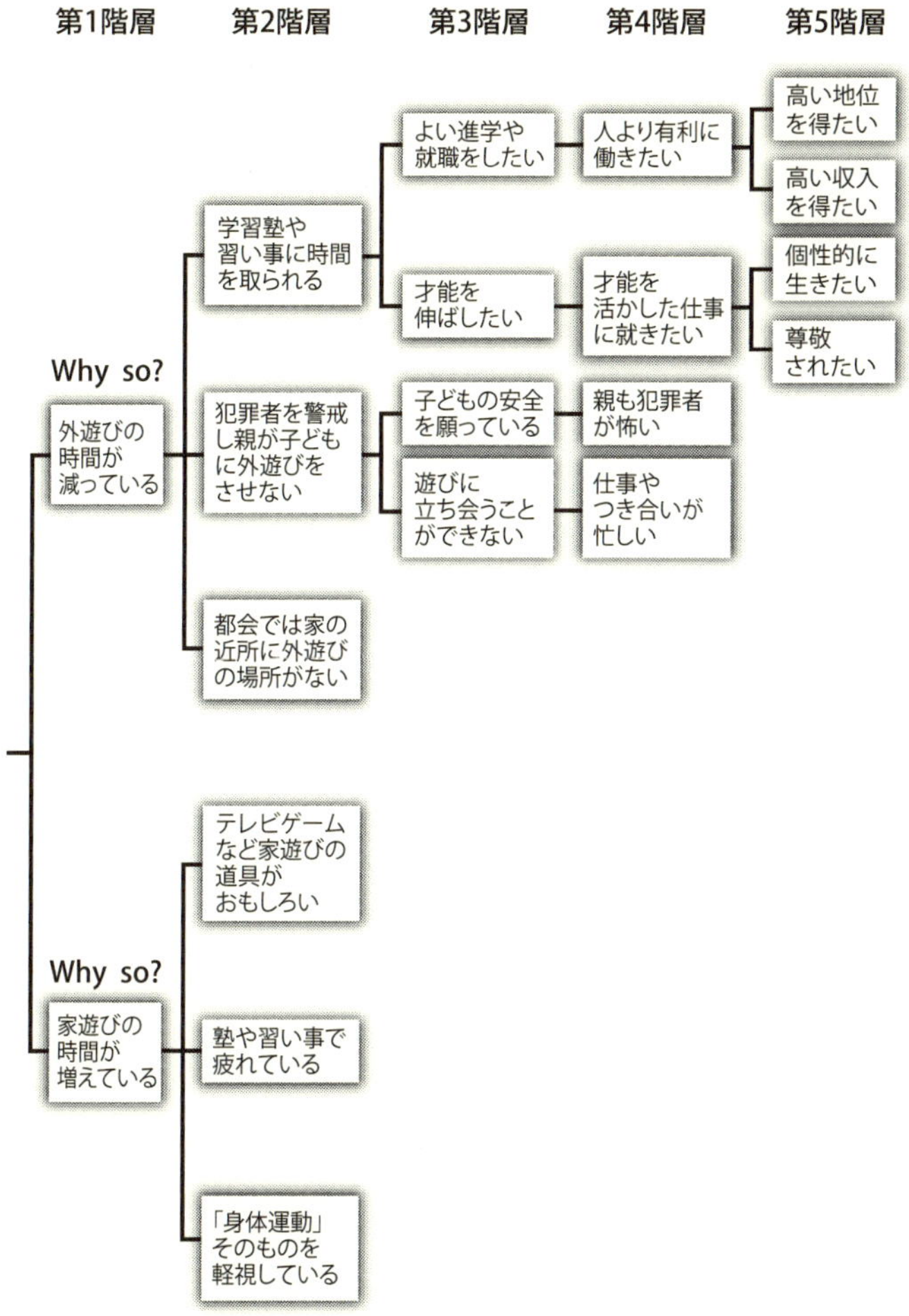

□ STEP3「なぜ?」と問いかけながら第3、第4階層と書き入れる

すると、「学校の成績をよくして、よい進学をするため」や「子どもの才能を伸ばすため」などがその答えとして浮かび上がる。

さらに「なぜ?」と問うと、「よい進学をして、よい就職をするため」や「才能を活かした仕事や実益を得られるため」となる。さらに「高い給料を稼げるようになるため」や「尊敬されるようになるため」などの答えが出てくるだろう。

こうして、第2階層以降がブレイクダウンされていく。常に左側の階層に対し右側の階層では、前の階層を受けて「それって何?」「なぜそれを望むのか?」ということが「展開されている」あるいは「具体化」されていなければならない。

このツリーはあくまでもサンプルとして「一般的にはこうではないか」という推測のもとにつくったものだが、それでも「なぜ?」を追及していくと、問題のかなり本質的なことが見えてくる。第2階層には「子どもの意思と親の意思」が半々ぐらいで、第3階層からはほとんど親のエゴや望みに近いのではないだろうか。

他の第1階層も追いかけてみよう。

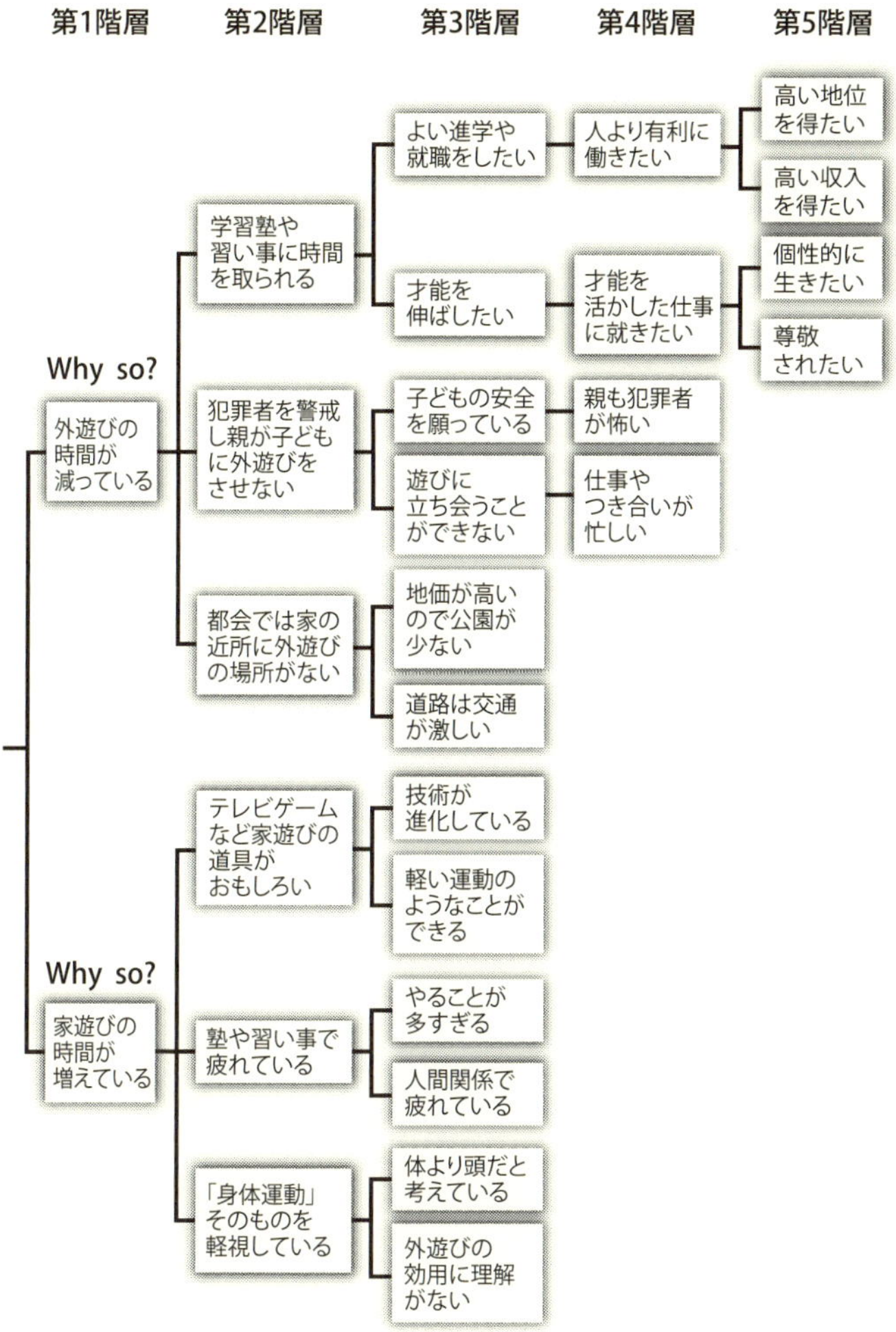

□ STEP4 第5階層までつくれば回答はほぼ見つかる

「犯罪者に警戒して親が子どもに外遊びをさせない」という要素はどうだろう。なぜかと言えば、親は子どもの安全を願っているからだ。しかしそれだけで終わっていいのかを考える。子どもが心配なら、親は子どもの遊びについて考えてやればいいのだが、それができないのだ。それは「なぜか?」と問いかける。

それは親も仕事が忙しいために子どもの遊びに立ち会うこともままならないからである。仕事関係でのつきあいはあるものの、逆に近所つき合いが希薄になっていて、子どもの世話を頼むことができないという現代の事情も見えてきたりする。

次の「テレビゲームなどの家遊びの時間が増えているから」の理由を考えると、「テレビゲームがおもしろいから」だろう、などと短絡的に考えることもあるだろう。しかし短絡的でもよい、さらに「なぜ?」と続けて考えることが大事である。

「なぜテレビゲームはおもしろいのか?」「何と比較しておもしろいのか?」と問うのである。するとスポーツの疑似体験ができるようなゲームや本当に軽い運動までできるゲームがあるので、それで体を動かす満足感を得てしまっていることもある、などと思いつく。

第4階層以降も「なぜ?なぜ?」と伸ばしていける枝もあり、伸ばしていっても意味のない「枝」もある。こうしてできた最終的なロジックツリー（前ページの**STEP4**）を見ると、細々としたあまり意味がない要素が階層が進むにつれて出てくることがわかる。第4階層、5階層くらいまでつくれば、得たい答えを見つけるには十分だろう。

4　評論家にならないためのHOWツリー

ＷＨＡＴツリーやＷＨＹツリーはどちらかと言えば問題を把握したりする戦略系のものだが、ＨＯＷツリーは戦術系である。いざ何か対策や施策を実施しようという時に具体的なアクションをどのようにすればいいのか検討していくためのツールだ。

ＨＯＷツリーは管理職として優秀になるための必須スキルとも言える。部分最適な打ち手はいくらでも考えることはできるものだが、全体最適な戦術を考え出すことはかなり難しい。このためには、情報を集めて総合的に検討する必要がある。その前提として、考えられる打ち手をモレもなくダブリもないというＭＥＣＥの状態にすることが肝心だ。

ＷＨＡＴツリーやＷＨＹツリーを使って課題を分析した後は、自分がイニシアティブをとって行動するための実行可能な行動計画を立てるべきだ。そのツールがＨＯＷツリーである。「このエリアでのシェア40％をとれ」という指示が上から来た時に、部下にそのまま「このエリアのシェアを40％にしろ！」と言うだけの管理職ならその存在価値はないに等しい。

HOWツリーもまた、あるテーマについて考えることからはじめる。

【例題】企業が生き残るにはどうすべきか考える

やや抽象的な話になるが、「企業が生き残っていくためにはどうすることが必要か?」ということについて検討してみよう。

企業も生物と同じく外部環境の変化によって危機にさらされた時、何かしらの行動を取らない限り滅びてしまう。生き残るため、厳しいグローバル経済の中で企業はどうすればいいだろうか?

答えを考えてみよう。

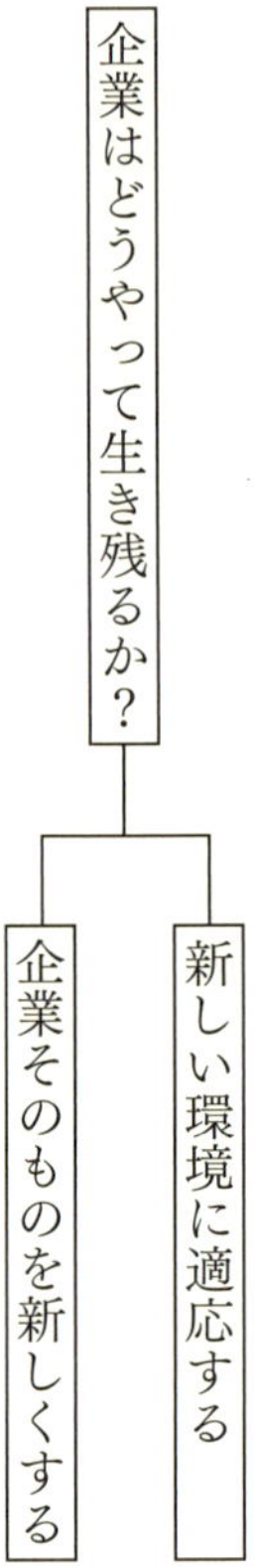
企業はどうやって生き残るか？
新しい環境に適応する
企業そのものを新しくする

という2つの選択肢がまずは回答として考えられる。

では、「新しい環境に適応するためにはどうすればいいか？」また「企業そのものを新しくするには何をすればいいのか？」という具合に、ロジックツリーは展開されていく。「どうやって？」という問いに次の階層で答えていくのである（左ページの**STEP1**）。

このように展開していくことが典型的なつくり方である。しかし、慣れていないと、この2つの第1階層をすぐに発想することは難しいと感じるはずだ。

第1階層をつくるには、ＨＯＷツリーでも、まずできることからはじめよう。それは以下の通りである。

①思いついたことを書き出す
②書いたことをグルーピングする
③グルーピングしたことにモレやダブリがないかチェックする
④グルーピングしたことをさらにグルーピングしてまとめる

という作業をしていけば、第１階層をつくることができるのだ。

トップダウンでテーマから降りていくのがツリー構造ではあるが、慣れないうちは階層を行ったり来たりしながら調整をしていくのが現実的である。

「企業はどうやって生き残るか？」という問いに対して、すぐに思い浮かぶことは「販売をがんばって業績を伸ばす」や「競合他社よりよい

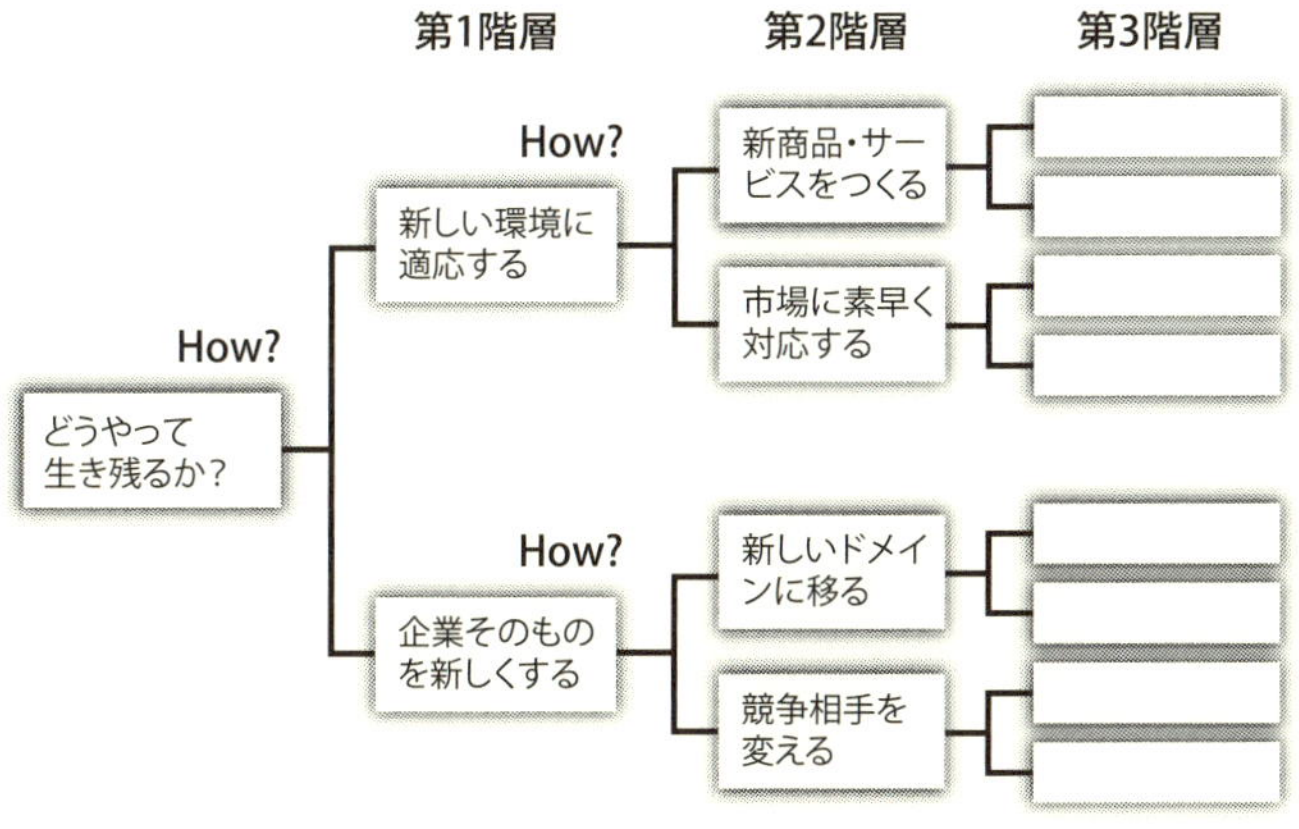

□ STEP1 階層を上下しながら調整する

サービスをする」といった各論だろう。このような各論をある程度書き出したら、今度はそれらをグルーピングする作業を行えばいいのだ。そして、それぞれのグループでは「何が言えるか」をまとめていく。

なぜ、こうした面倒な作業を行うのだろうか？　それは、いきなり各論だけから入ってしまうと、結果として出てきた打ち手が全体最適な、つまりモレもダブリもない〝MECE感〟のあるものかを検証することが難しくなるからだ。プレゼンや会議の企画提案時に、最初に「これらが考えられる対策のすべてです。この中でこれが最善です」と言えると、説明が明快になるはずだ。このためには、MECEになるよう、きちんと手順を踏むのがいい。

もう少し丁寧に作り方を説明しよう。ツリー構造をつくる場合、はじめに左ページの**STEP2**のように、空欄の枠を第4階層ぐらいまでつくっておくと便利だ。第2階層や第3階層あたりのアイデアをランダムに出しながらツリーという枠組みに書き入れていくイメージだ。

この空欄にMECEに気を配りながら思いつくアイデアを書き込んでみよう。

たとえ第2階層ができなくても、第3階層や第4階層に「HOWどうやって？」と思える回答を仮に置いておくのだ（左ページの**STEP3**）。まばらな感じはあるにせよ、逆にこれを手がかりに考えていけばよい。ツリーの枠組みがあると「どこが空いているか」見てすぐにわ

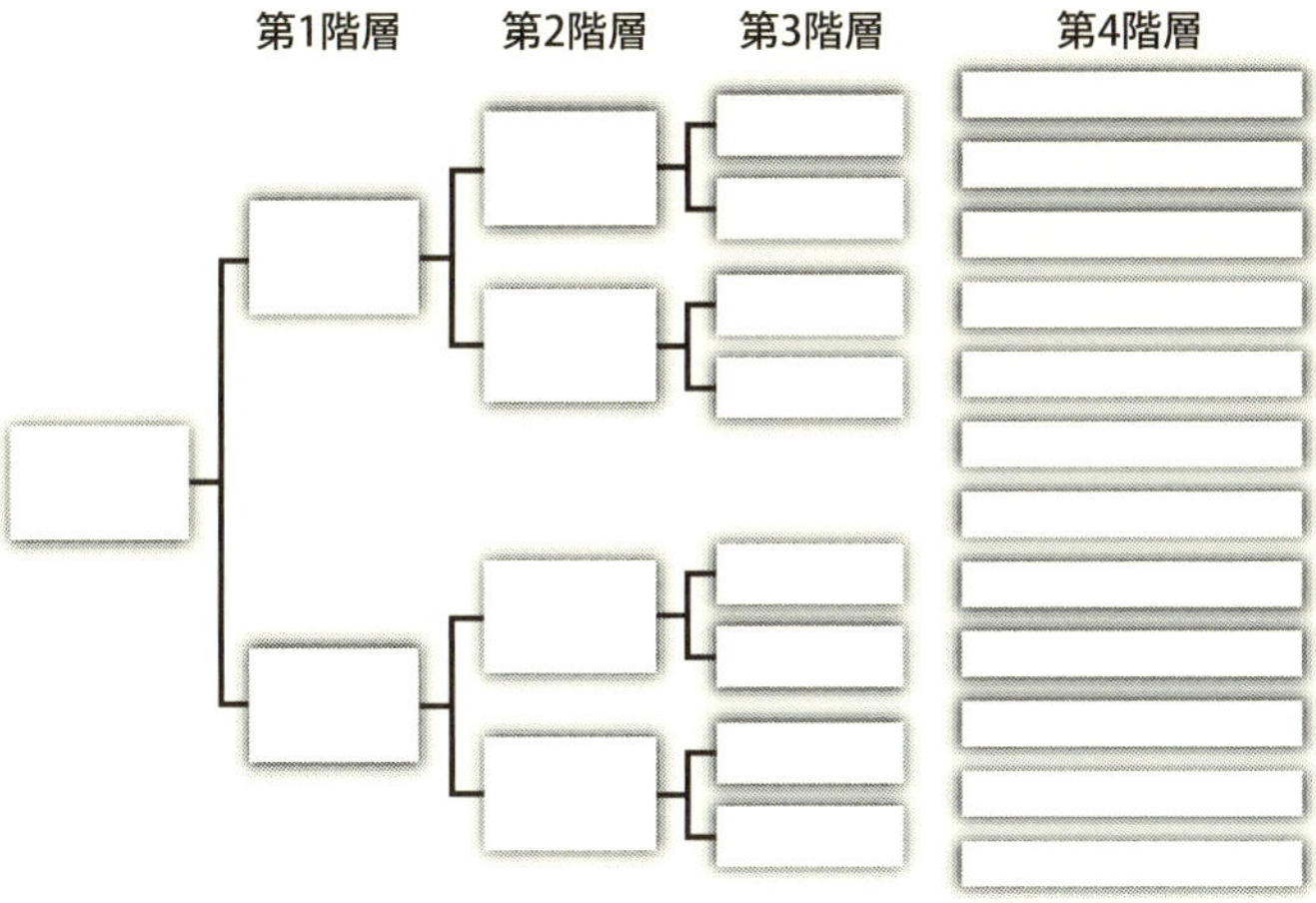

□ STEP2 最初に空欄の第4階層までのツリーをつくっておくのも手

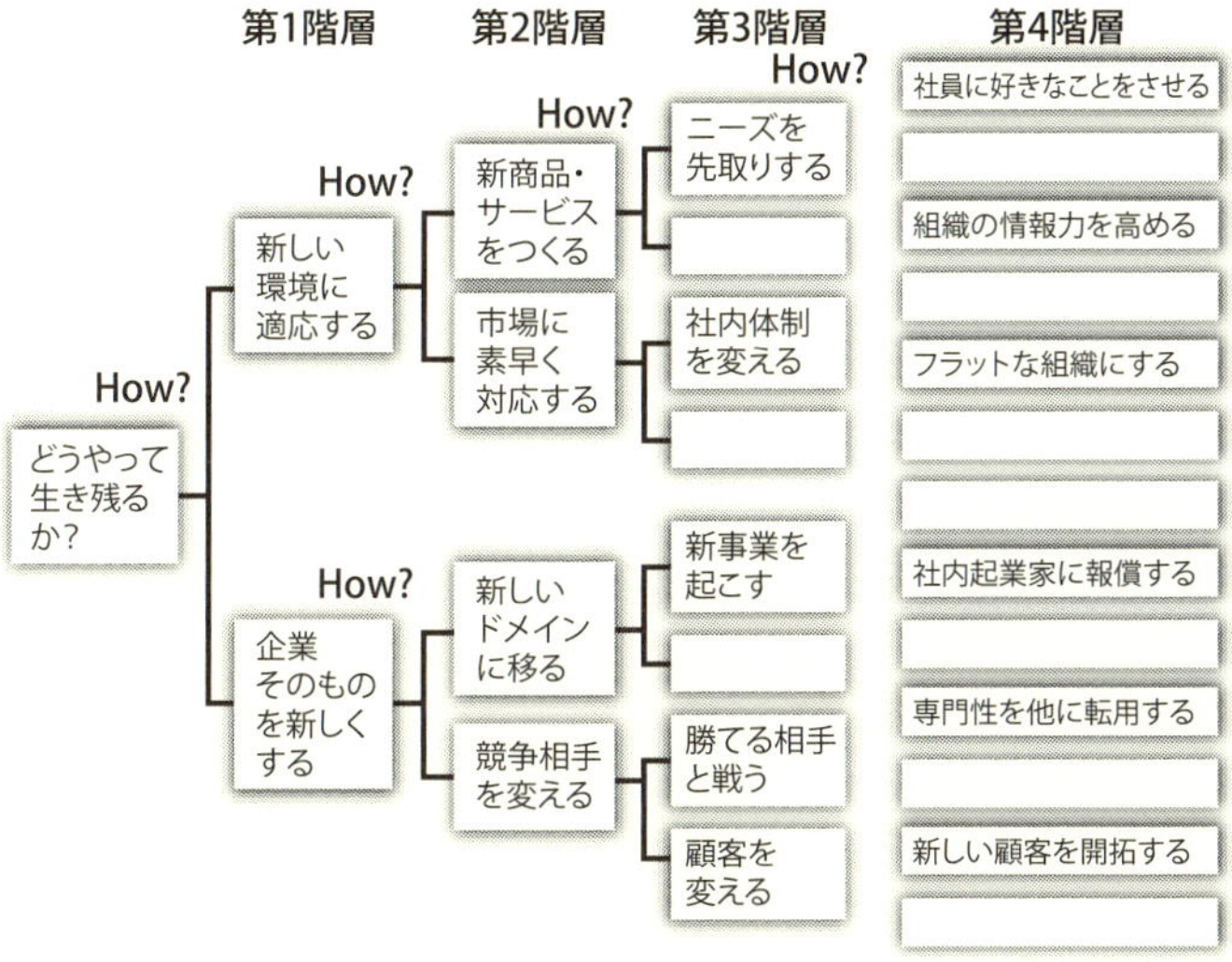

□ STEP3 第3、第4階層を先に書いてもよい

かる。空欄を埋めていくのはパズルをやっているようなゲーム感覚になって、考えることも楽しくなる。

ＨＯＷツリーは、はじめに述べたように「方法の具体化」なので、方法が徹底的に具体化できるまで階層を伸ばしていく必要がある。その点で、ＷＨＡＴやＷＨＹよりも階層が長くなる可能性がある。

第7章

「ピラミッド構造」で説得力を身につける

1 「具体的な事実」から「こうすべきだという主張」までの構造化

これまで「論理思考とは何か？」からはじまり、思考の構造化や基本原理であるMECE、結論を導く基本思考法の演繹法や帰納法、逆に課題を具体的にとらえるためのロジックツリーまで学んできた。

最後の7章では、ピラミッド構造を学んでみよう。

ピラミッド構造とロジックツリーは形が似ているので、違いがよくわからないという人もいるかもしれない。この2つ、実は形は似ていても中身はまるで異なるのだ。

ロジックツリーは、テーマからのトップダウンで細分化・具体化していく。それに対して、ピラミッド構造は逆に底辺にある具体的な事実からボトムアップする。最後には頂上の結論（課題のまとめ）＝意思決定に至るまで思考をまとめていくものだ。

ピラミッド構造は、主張することを頂点として主張を支える根拠が下に構造化された美しい論理展開図である。樹状に広がるという点ではロジックツリーと似ているが、推論の向きが反対になる。底辺のボトムからトップの意思決定へ、「下から上へ」が基本となる。

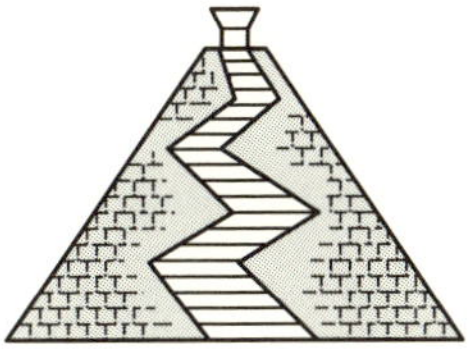

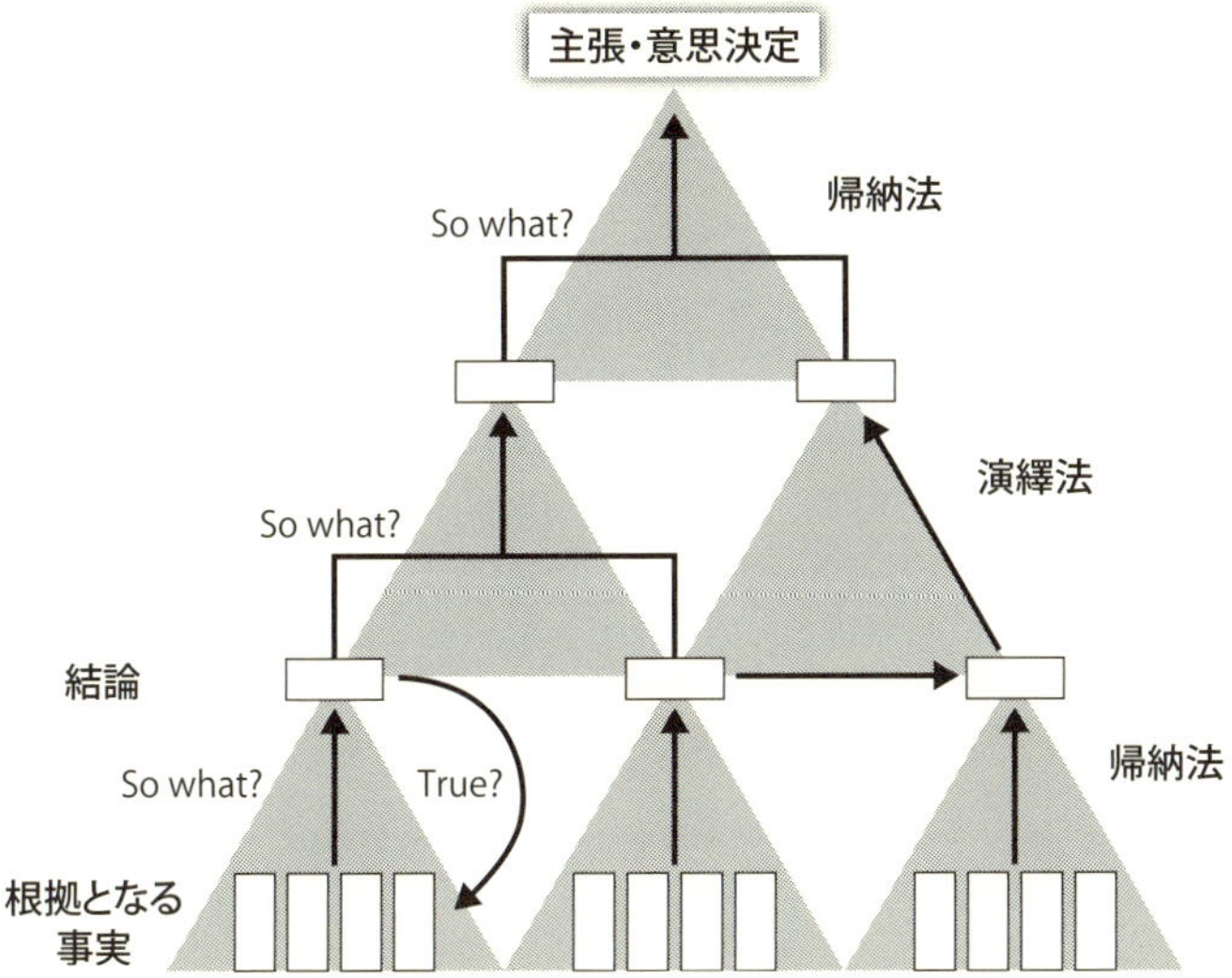

□ 意思決定まで思考をまとめていくピラミッド構造

役割の違いを、下のマトリックスに整理してみた。ロジックツリーは課題を具体化するもの、これに対し、ピラミッド構造は意思決定に影響する結論を出すものである。端的に言えば、前者は具体化のためのツール、後者は決断のためのツールだ。

実際、ピラミッド構造をつくる時には自分の頭の中で何かしらの結論ないし意思決定をもっていることが多い。課題を必死に考えている時は、整然としたピラミッド構造をつくる余裕などないからだ。仮説を見つけるまではたいていさまざまな思考方法やツールを駆使しながらメモや走り書きをしたり、パワーポイントのページを断片的につくっていたりするはずだ。

ピラミッド構造を使うなら、ある程度考えがまとまって仮説ができ、「よし、これで説得し

<table>
<tr><th></th><th>用 途</th><th>機 能</th><th>主要な技法</th></tr>
<tr><td rowspan="2">ロジックツリー</td><td rowspan="2">具体化のツール</td><td rowspan="2">課題を具体化する
・原因を究明する
・有効な施策を検討する</td><td>・展開する質問
ー「それは何?」
ー「なぜ?」
ー「それはどうやるの?」
・プロセス思考</td></tr>
<tr><td rowspan="2">【共通スキル】
・MECE
・グルーピング
・フレームワーク思考</td></tr>
<tr><td rowspan="2">ピラミッド構造</td><td rowspan="2">課題設定・
決断のツール</td><td rowspan="2">意思決定に影響する
結論を出す
・情報から結論をまとめる
・複数の結論をさらに
まとめていく
・戦略的な課題を導き出す</td></tr>
<tr><td>・演繹法
・帰納法</td></tr>
</table>

□「ロジックツリー」と「ピラミッド構造」の違い

てみよう」という時がベストだ。「どうやって説得しようか」ということを考える場合、まだ整理されていない「根拠となる情報」や「小さな結論」などをどの順番で、どう構成すれば効果的かを考えるはずだ。その時にピラミッド構造が役立つ。

もちろん考える過程でピラミッド構造を意識し、その枠組みに入れていくことは思考作業のスピードアップになるし、仕事全体の能率を高くすることは言うまでもない。

ピラミッド構造をつくることは、

①自分の考え出した結論を検証する
②交渉相手を効果的に説得する方法ができる

という2つの効果がある。

では、ピラミッド構造とはどのようなものなのかを大づかみにしていこう。

ピラミッド構造の構成単位は、小さな三角形である。そのひとつひとつがすでに学んできた演繹法や帰納法で導き出した結論になる。大きなピラミッド構造で最終的に頂点に集約される結論は、たくさんの小さな三角形の頂点にある結論の集合なのだ。

構造のボトムにはたくさんの具体的な情報がグルーピングされている。それらから「言えること」すなわち「結論」を出し、さらに複数の「結論」から「言えること」を導き出す。上へ上へと結論をまとめていき、最後に「当社は○○○事業に進出すべきである」というような最終結論に至るわけだ。

　重大な意思決定をするのに、大した説明も受けずに実施することはないだろう。十分な材料や根拠がなければ、関係者は納得しない。

　とはいえあなたが説明する際、いきなり「小さな事実」から「大きな結論」を出しても、相手には「唐突な感じ」がして「ＹＥＳ」と言いようがない。それは、論理の飛躍がありすぎるからだ。

　例えば、上司に向かって「お客さまからクレームがありました」、だから「新しいコールセンターを立ち上げましょう」と提案しても、

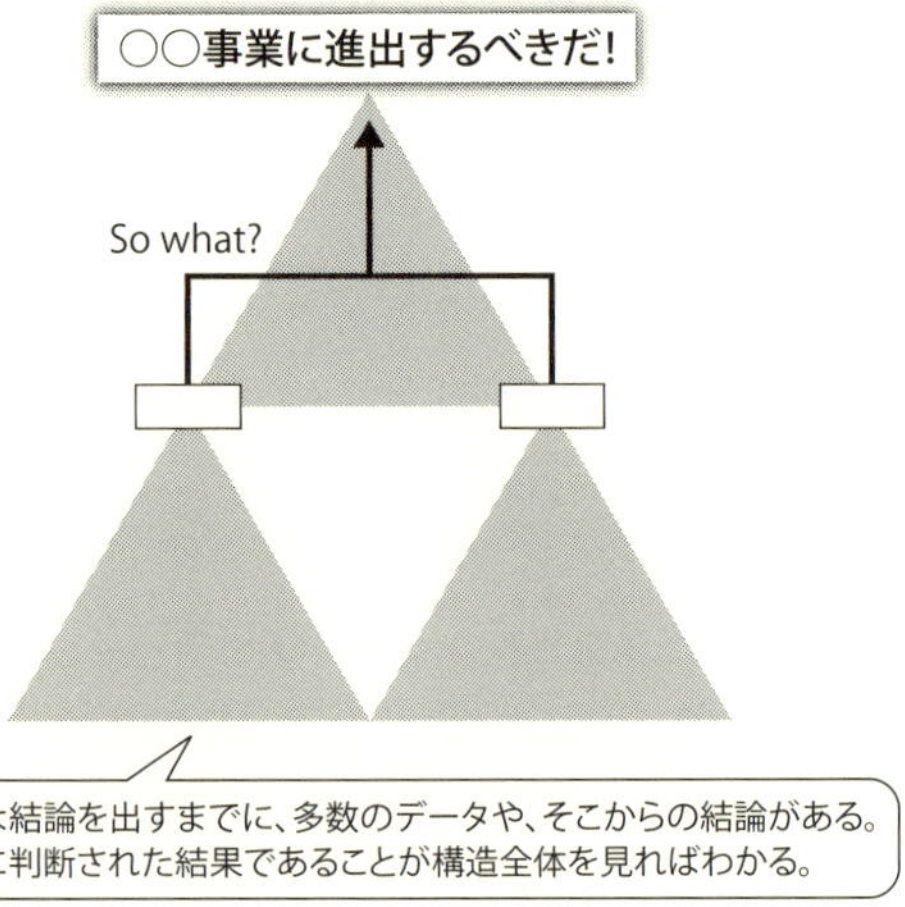
最終的な結論を出すまでに、多数のデータや、そこからの結論がある。
総合的に判断された結果であることが構造全体を見ればわかる。

□ 導き出したひとつひとつの結論が全体を支える

話が飛躍しすぎているので、「おい、いきなりだな。ちゃんと説明してくれないか」となるだろう。上司が言った「ちゃんと」という意味は、「論理のギャップを埋めてくれないか」ということである。

相手に「どうしてその主張が正しいのか」を理解してもらい、説得するためには、裏づけのある根拠に基づいた結論であることが大切だ。そんな場合に「ピラミッド構造」によって行うべきことを論理的に説明すれば、「なるほど、それならもっともだ」と納得してもらえる。「根拠→結論、根拠→結論」という小さな単位で結論を出す「完結した構造」を積み重ねていき、大きな結論にたどり着くようにするのである。

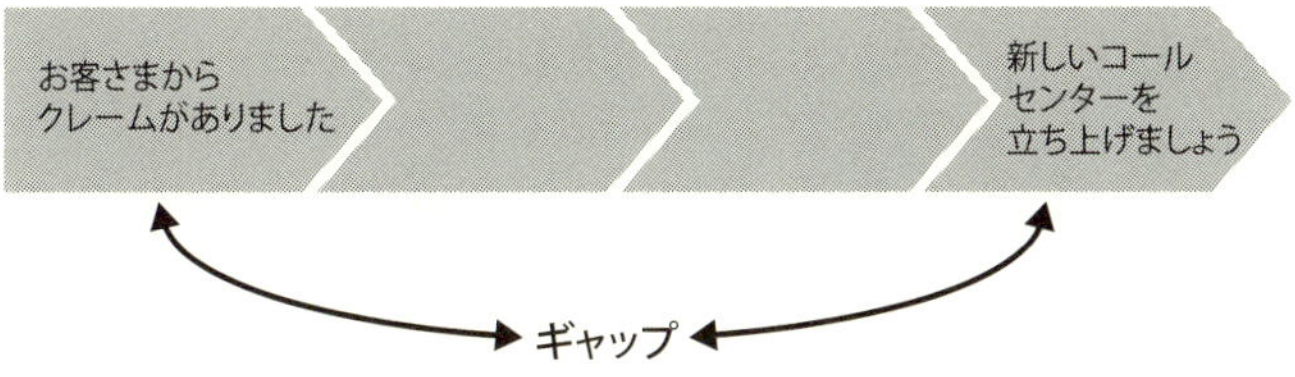

□「ギャップ」がある提案では周囲は理解できない

ある事業についてのアイデアを思いついて、それを上司へ通そうとしたら、ピラミッド構造を頭に思い浮かべて企画書や提案書を作成するのがよい。

ピラミッド構造をつくりながら、「これらのデータは何を意味しているんだろう?」とか「こういう結論を出したけど、だから何なのだろう?　本当にこれでいいんだろうか?」と考えていくと、思考そのものがきっちりとまとまり、ブレのない最終結論を導いていくことが必ずできるはずだ。

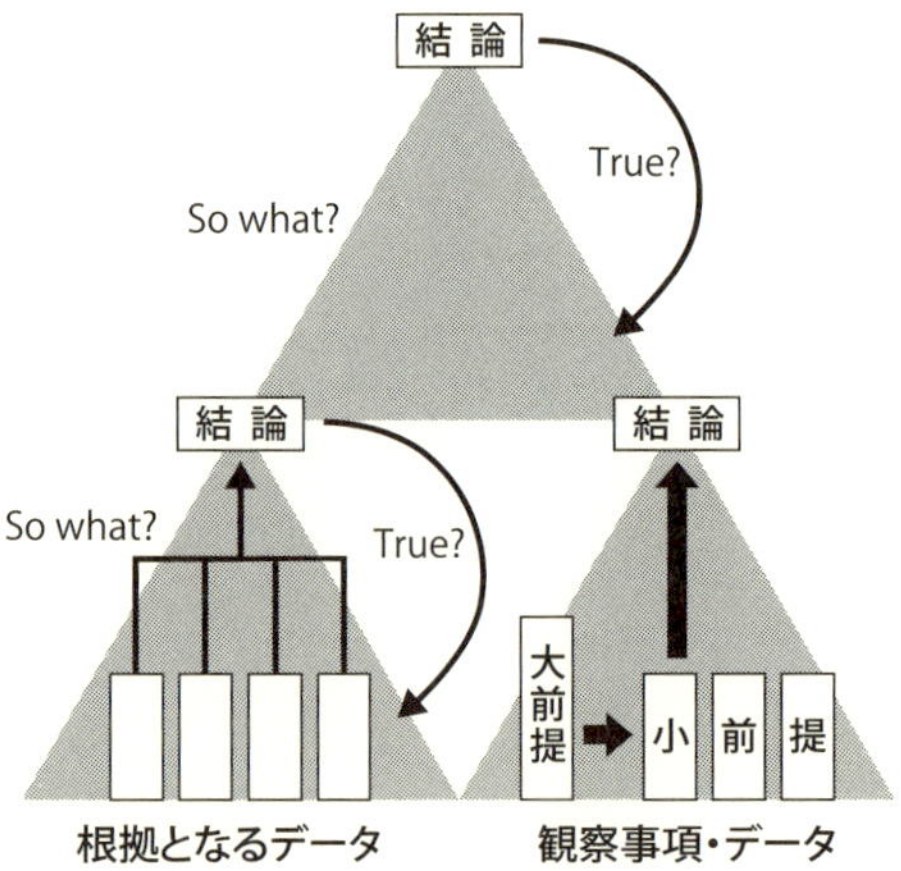

□ ピラミッド構造を使ってブレのない最終結論を考える

2 ピラミッド構造はリーダースキル

ロジックツリーは、方針が固まってから、ある問題の原因究明をしたり、解決策を考え出さなくてはならない役割の中間管理者が使う「マネジャースキル」である。一方、ピラミッド構造は戦略的な意思決定を行う際に使うことが多い。従って上級者、マネジメント層やリーダーシップを発揮する人々のための「リーダースキル」と言ってもいい。

今度は、ピラミッド構造が実際どういう使われ方をするのかを具体的なストーリーを使って説明しよう。ポイントは、すぐに部分を正確にとらえようとしないで、全体像をまず把握することだ。絵やデザインを描きはじめる前に、だいたいのイメージをつくるように、構造化もやはり「こんな感じ」という感触をもつことが大事なのである。

「デスクの上や周囲とかオフィス内を整理整頓すると業績が上がる！だから整理整頓を毎日実行しよう！」と加藤社長がある日突然に言いはじめた。

ところが、社員は整理整頓と業績がどう関係するのか意味がよくわからず、あまり熱心に取り組んでいない。見るに見かねて、総務部長の浅田が社長に聞きに行った。

「こう説明してやってくれ。整理整頓する効用はいくつかある。1つ目は、デスクがきれいになりスペースが広がる。それで気持ちよく仕事ができる。2つ目は、整理すると必要な書類や名刺がすぐに見つかるようになる。だから仕事のスピードアップにつながる。さらに整理のため書類に目を通すと、その書類はほかの事例に応用できるかもしれないと気づいたりする。アイデアも湧く……」

社長の話を聞きながら浅田は、これならやる価値があると確信を持ったが、やはり社員に対する具体的な説明が必要だと感じた。ここで勉強したばかりのピラミッド構造が使えると閃いた。

「まず社長が主張していることを、整理整頓しようか」と考えはじめた……。


浅田と一緒に考えながら、社長の弁を補ってピラミッド構造をつくってみよう。

①はじめに材料をそろえる（左のSTEP1）

「オフィスの整理整頓をするべきだ」という結論を出した背景には、そもそもどのような問題があったのかを明確にする。個々の項目がピラミッドの土台になるのだ。

できるだけ問題となっている現象やその影響などひとつひとつを分けて書き出す。カードや付箋紙1枚に1つの項目を書くようにするとよい。その際、人から聞いた噂ではなく、観察した事実や聞き取りで信頼性を確認したことに絞るべきである。

この材料に信頼性がなければ、最終的にすべての推論が揺らいでしまうからである。

このケースでは、オフィス環境の状況をつぶさに洗い出すことが必要だ。

「よいこと」

「悪いこと」

どちらも洗い出したあとで、悪いことだけを抽出する。悪い項目の中で、加藤社長が打ち出した「整理整頓すること」に関連すると思われる事項を抽出してまとめる。それが下図だ。

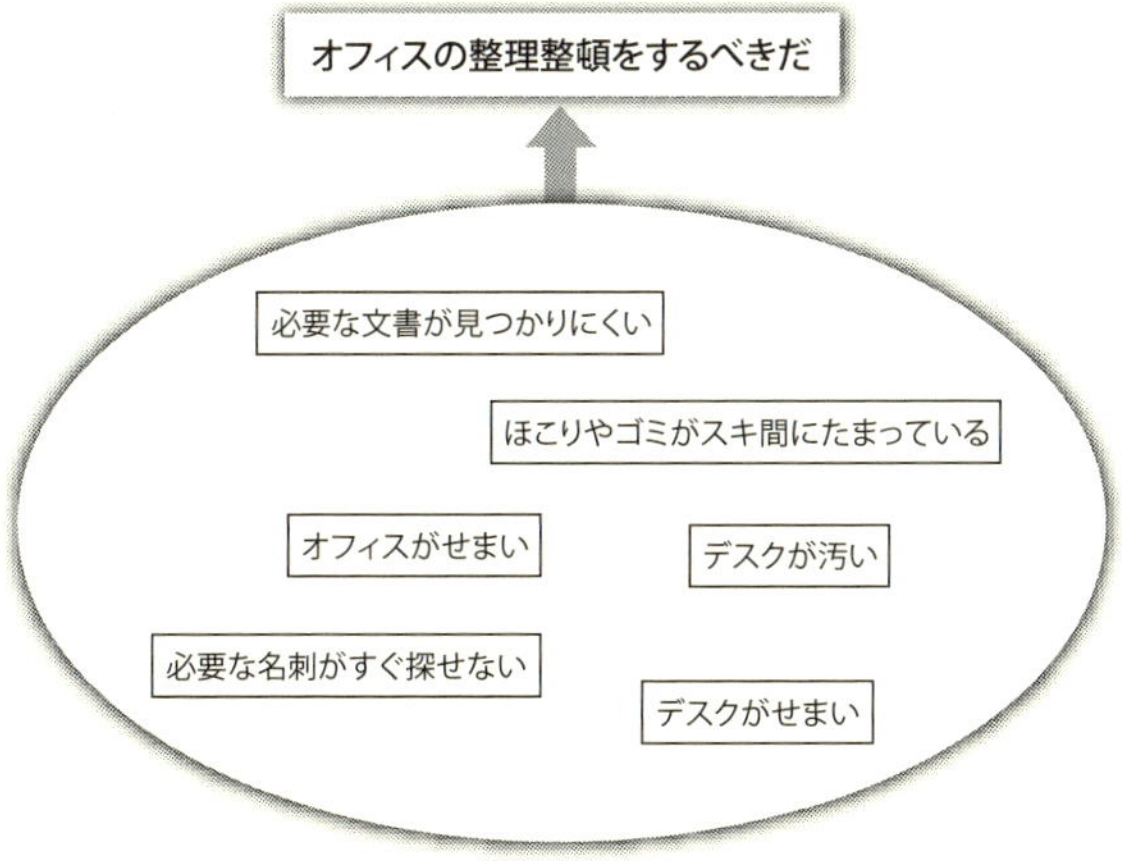

□ STEP1　問題を抽出しピラミッドの土台をつくる

②問題事項を「グルーピング」する（左ページのＳＴＥＰ２）

次にさまざまな問題事項のうち、レベルが同じものを集めていく。

③グルーピングしたグループにタイトルをつける（左ページのＳＴＥＰ３）

ピラミッド構造の中の「小さな三角形」を意識すると左ページのＳＴＥＰ２のようなものになる。そのグルーピングしたものに、タイトルをつけたものが下のＳＴＥＰ３だ。

「何が言えるのか」を帰納法で説明的にまとめる。例えば、「必要な名刺がすぐに探せない」「必要な文書が見つかりにくい」のであれば、当然、「探し物で時間をロスしている」ことになるだろう。

このように「集めた情報から何が言えるか」ということを簡潔にまとめるのがよい。

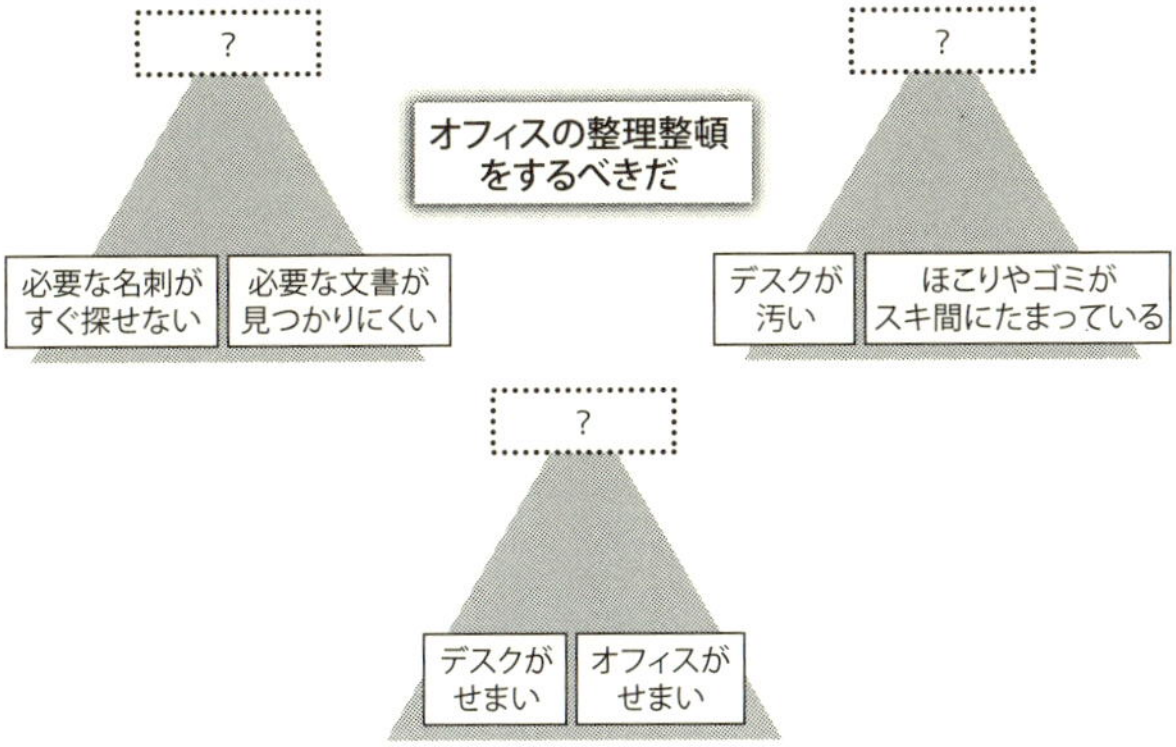

□ STEP2 集まった問題をグルーピングする

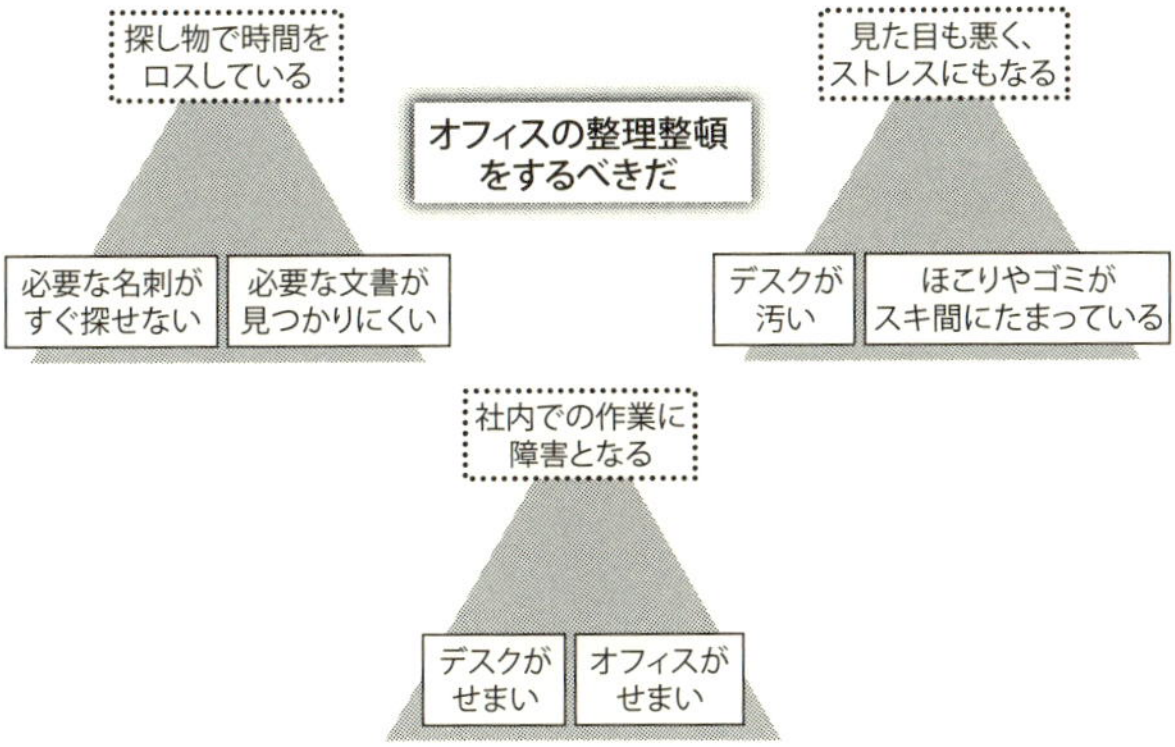

□ STEP3 グルーピングしたものにタイトルをつける

④タイトルをさらにグルーピングする（左ページのSTEP４）

ピラミッド構造の上へ上へと「言えること」をまとめていく。タイトルとしてまとめたことを「SO WHAT?」でチャンクアップする

つまり、「SO WHAT? それはどういうこと?」を問い、その回答を上に書いていくわけだ。このケースでは、「それはどういう影響があるから、どうすればいいの?」という問いや、「だから何なの?」という問いになる。

最終的に、いちばん上の「オフィスの整理整頓をすべき!」という主張が「なるほど」と受け手に伝われば〝万歳〟である。

本来のピラミッド構造は、小さなピラミッドをいくつか組み合わせて、最終的な結論までたどりつくことになる。このストーリーでは、ピラミッド構造を理解してもらうため、かなり簡略化した。ただし、左図のような「表組み」でもピラミッド構造的な考え方は可能だし、オフィスで考える場合、それこそノートを大きく広げて書くほどのスペースもデスクにないのが普通なので、このほうがかえって便利かもしれない。

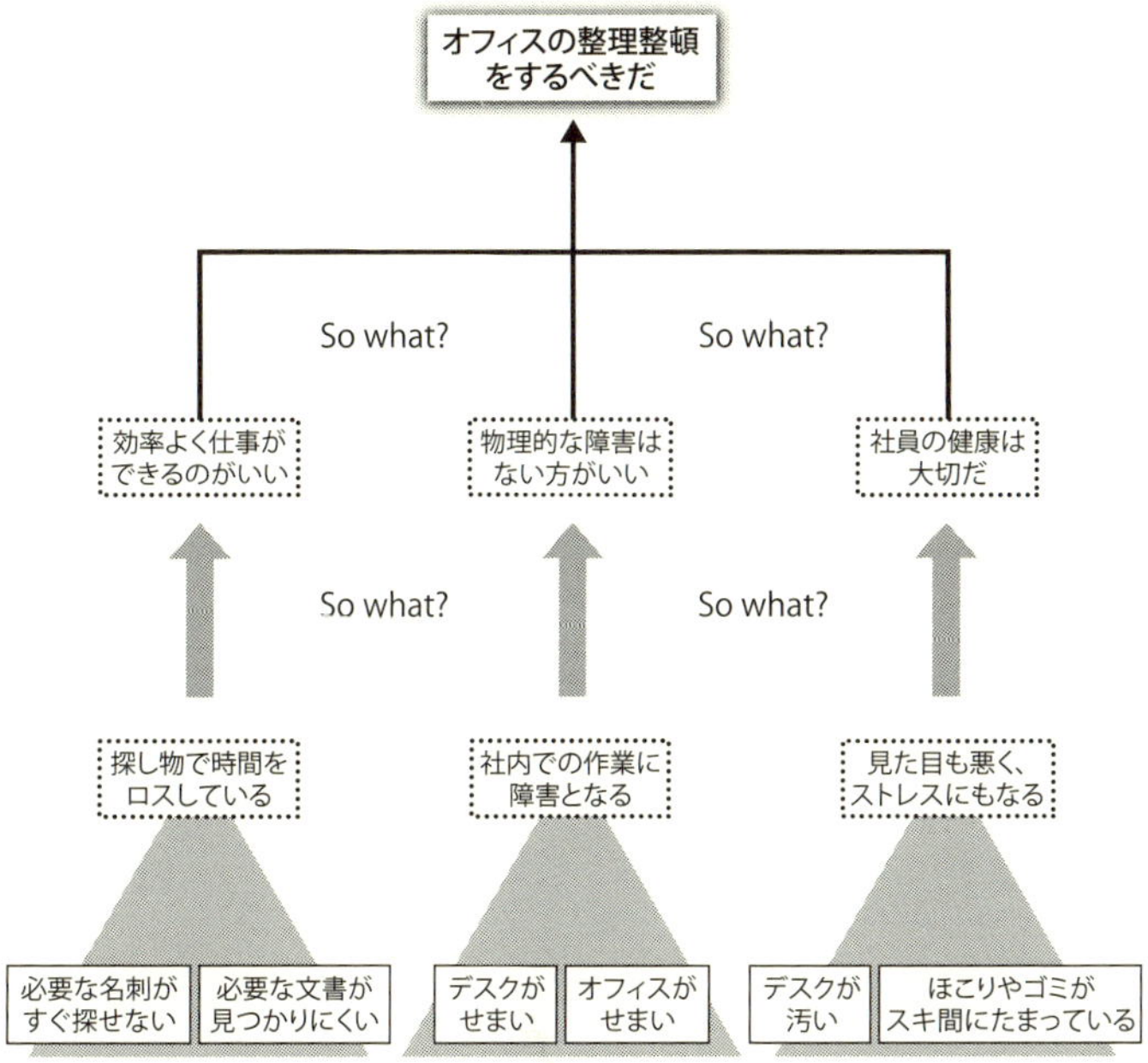

□ STEP4 ひとつひとつのピラミッドを組み合わせ最終結論へ

重大な意思決定は、さまざまな思考スキルを駆使して、十分な検討を行わなければならない。この点からすると、多様な思考スキルを盛り込むことができるピラミッド構造は非常に使い勝手がいい。ただ、この基本的な骨格づくりに使われるのは、第5章で説明した演繹法と帰納法なので、これをマスターしておくことが前提になる。

ピラミッド構造はある重要な結論を導くこと、さらにはそれから意思決定を行うために、複雑な思考プロセスを構造化してクリアにすることが目的である。このため、必ずしも「きれい」につくることはない。手段が目的化してしまっては思考する意味がない。前提↓推論↓結論が体系的にわかるようにつくることが重要だ。

あとがき

論理的思考力は、学問やビジネスの領域できわめてベーシックなものだ。このスキルがなくても生きていけるが、このスキルがないと何かを構築する必要がある世界では通用しない。多くのビジネスマンは、社会人になってからその必要性を感じて、論理思考を先輩や上司からＯＪＴ（On the job training　仕事上でスキルを身につけること）で学んだり、ビジネススクールや外部研修などで身につけたりしている。

ただし、日本では大学までの学校教育で、「論理思考」というスキル教育が施されることはまれなので、なかなか苦労するものだ。

スポーツや武道には、「形・型」や「フォーム」があって、たいていの初心者はそこから練習する。形やフォームは、そのスポーツや武道の動き全体を分解して、重要なポイントの構造が繰り返し見えるようにしている。

学習する人が、その型を見て真似をし自分の身体をそのように動かせば、素早い動きを少しずつ体得できるようになる。はじめはうまく動かせなくても、続けていくうちにコツがわかってくる。皆さんも経験したことがあるに違いない。

正しい型やフォームを身につけないと、ボールを的確にヒットできなかったり、ヒットできても力がうまく伝わらなかったりする。時には身体を痛めたりもする。

論理思考では身体を痛めることはないが、適切な方法や型、つまり思考法やフレームワークを持っていないと的確・効率的に考えられないということが起きる。

スポーツと同じように、論理思考でも自己流のクセがついてしまうものだが、よくないクセを取り除きながら「型」を学ぶことができれば、上達が早いということになる。

不確実な結論の出し方でなく、いつもある品質以上の結論を出すためには「基本形」を身につけることがいちばんだ。それは一度身につけてしまえば「一生モノ」になる。

論理的思考は、直線的なので横道にそれるわけにはいかないし、枠組みにはめていくので窮屈な思考と言えないこともない。自由な連想や発想とは逆方向に向いている。

だからその点で、創造性とは無縁の思考だと思われるかもしれないが、実は論理思考は決して創造性と無縁ではない。

自由な発想と論理的な思考とは別のことであって、両立する。「こうなったらいいな」ということと、「現実はこうだ。こうすると、こうなる」という2つのことがせめぎ合って、高い品質のものが産み出されるからである。

たぶん何もしなければ、いつまでたっても豊かな発想をしたり、論理的に考えたりすることはできない。両方ともやはり訓練が必要なのだ。

女性が美しくなりたいというのは永遠の願望だと思うが、「美しい」という条件に叶うようになるために自分をコントロールする必要がある。肌の手入れやメイクアップ、ファッション、食事管理、睡眠、表情、話し方、ウォーキングなど、「こういう形が美しい」に近づこうと努力を惜しまないことが大切だ。

「美しくなりたい」といろいろチャレンジすることと、論理思考を元に何かしようとすることになんら変わりはない。できることから実践すればいいのである。思考力を高めることに少しずつ毎日取り組み、いつしか人から「論理的思考力がありますね」と気づかれるようになったら、あなたの勝ちである。

ビジネスは論《ろん》理《り》力《りょく》
MBAでは学《まな》べないロジカル・シンキング

2008年4月4日 第1版第1刷発行

著 者 北島雅之《きたじままさゆき》

発行人 高比良公成
発行所 株式会社アスペクト
〒101-0054 東京都千代田区神田錦町3-18-3 錦三ビル3F
TEL 03-5281-2551 FAX 03-5281-2552
ホームページ http://www.aspect.co.jp

印刷所 中央精版印刷株式会社

ISBN978-4-7572-1486-6

【著者略歴】

北島雅之（きたじま・まさゆき）

経営・組織人事コンサルタント、ファシリテーター、産業カウンセラー、キャリアコンサルタント。

上智大学文学部英文学科卒。英語教員、就職情報会社、外資系企業での人材・組織開発、コミュニケーション業務等を経て、現在、株式会社イニシア・コンサルティング取締役エグゼクティブコンサルタント。組織・人材開発およびインナーブランディング、人事制度改革などに取り組む。

NLP マスタープラクティショナー、キャリアデザイン学会会員。成蹊大学非常勤講師、大学院でクリティカル・シンキングを担当する。キャリア文化研究所で、主に若年層のキャリア開発を支援する。

【編集協力】 丸山　繁（作品工房）
【装丁・本文デザイン】 福田和雄（FUKUDA DESIGN）
【カバーイラスト】 千野エー
【本文イラスト】 中村啓子

【資料文献】

・照屋華子、岡田恵子『ロジカル・シンキング　論理的な思考と構成のスキル』（東洋経済新報社）
・バーバラ・ミント『考える技術・書く技術』（ダイヤモンド社）
・渡辺パコ『論理力を鍛えるトレーニングブック』（かんき出版）
・中尾佐助『分類の発想』（朝日新聞社、朝日選書）